キャリア教育に活きる!

センパイに
聞く

# 仕事ファイル

**49**

ゲーム
の仕事

ゲームデザイナー
キャラクターデザイナー
声優
ボードゲーム編集者
リアル謎解きゲームの企画営業

小峰書店

小峰書店 編集部 編著

# Contents

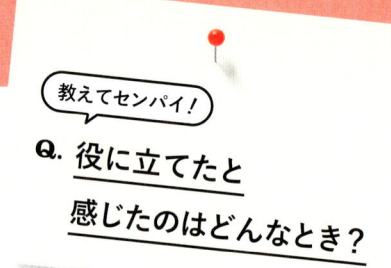

教えてセンパイ！
Q. 役に立てたと
感じたのはどんなとき？

※この本に掲載している情報は、2025年4月現在のものです。

# ゲームデザイナー

## Game Designer

スクウェア・エニックス
青野百花さん
入社10年目 33歳

SQUARE ENIX

たくさんの人に
楽しまれるRPGの
作品にたずさわります

ゲームの分野のひとつ、RPG※は、世界中で多くの人に楽しまれています。1987年の発売以来、根強い人気を誇る、スクウェア・エニックスの「FINAL FANTASY」シリーズ。ゲームの仕様設計を手がけている青野百花さんに、お話を聞きました。

用語 ※ RPG ⇒ ロールプレイングゲームの略。ゲームのジャンルのひとつで、プレーヤーがゲームの主人公になりきり、ストーリーに沿って何らかの目的を達成するために行動し、クリアを目指す。

# Q ゲームデザイナーとは どんな仕事ですか？

ビデオゲームは、ゲームエンジン※に、必要な画像・文字・音などを組みこみ、配置や動作を設定して制作します。私が関わっているのは、家庭用ゲーム機などを使って遊ぶゲームソフトです。最新技術が使われ、グラフィック（絵）、音楽、ゲームとしてのおもしろさなどに、高い品質が求められます。

ゲーム全体の設計を行うことを、ゲームデザインといいます。制作現場をまとめるディレクターのもと、ゲーム内のルールや設定を考えて、楽しくプレーできるための仕様を決め、データの組みこみや調整をするのがゲームデザイナーの仕事です。『FINAL FANTASY ⅩⅥ』（FF16）では、数十人のゲームデザイナーが、バトル担当、マップ担当などに分かれて働きました。そのなかで私は、ゲーム全体の世界観の監修と、UI※を担当しました。

最初に行ったのは、世界観をはじめとしたゲーム全体の情報の整理と、新システムの機能やレイアウトをまとめた仕様書の作成です。仕様書をもとに、グラフィックデザイナーが画面に表示させる画像や文字をデザインし、プログラマーがプログラミングして動きをつけます。できたデータの確認やゲームエンジンへの組みこみは、私が行います。

FFは長く続くシリーズで、壮大な世界観が人気です。本作では国家間の関係や人間関係が複雑なので、それらをゲーム内でいつでも簡単に確認できる用語辞典のような機能を組みこみました。子どものころから大好きだった作品に自分で考えた新機能を追加できて、うれしかったです。

## 青野さんのある1日

| 11:00 | 出社。 |
| ▼ | 社内チャットやメールのチェック |
| 11:30 | ゲーム機を使った動作確認、各機能の調整依頼 |
| 13:00 | ランチ |
| 14:30 | 仕様書を作成 |
| 16:00 | 社内定例会議 |
| 17:00 | 実装作業（プログラミングしてできたデータを、ゲーム内の一要素としてゲームエンジンに組みこむ） |
| 20:00 | 退社 |

「FINAL FANTASY」シリーズは、さまざまな武器や魔法を使って敵を倒すRPG。壮大なストーリーと複雑なしかけが人気だ。これは『FINAL FANTASY ⅩⅥ』の攻略本で、青野さんも制作にたずさわった。

---

## ゲームデザイナーの仕事の流れ

**❶ 企画を立てる**

企画担当者またはゲームデザイナーが、ゲームの企画を立てる。FFのような大規模作品の場合は、制作が決まったら、ディレクターを筆頭に、青野さんのように多数のゲームデザイナーが参画する流れになる。

**❷ 仕様書を作成する**

ゲームデザイナーがそれぞれの担当部分の設計を考え、文や画像で整えた仕様書をつくる。青野さんは、場面ごとに「この場面ではこの機能が必要。見た目はこんなイメージ」といった内容の仕様書を作成した。

**❸ スタッフへ対応を依頼する**

仕様書をもとに、ゲームデザイナーが社内説明会で、プログラマーやグラフィックデザイナーなどの専門スタッフにゲームの仕様を説明する。ゲームの世界観と設計への理解を得て、仕事に取りかかってもらう。

**❹ データの調整をくりかえす**

各ゲームデザイナーと各専門スタッフとで、データの作成、確認、修正依頼、修正をくりかえしデータを完成させる。FFの制作全体には、数十人のゲームデザイナーと数百人の専門スタッフが関わった。

**❺ 完成**

ゲームデザイナーそれぞれが、担当した部分のテストをくりかえし、問題がなくなったら完成。ゲームのジャンルにもよるが、RPGの場合、企画から発売までに数年かかる。

---

**用語** ※ ゲームエンジン ⇒ ゲーム制作の土台となるシステムのこと。

**用語** ※ UI ⇒ ユーザーインターフェース。ゲーム画面内のメニューやボタンの配置など、ユーザーが見たり操作したりする部分。

# 仕事の魅力

## Q どんなところがやりがいなのですか？

仕様書に書いた自分のアイデアが実現して、ゲームに反映されているのを見たときに、やりがいを感じます。

また、自分のつくったものが多くの人たちに楽しんでもらえていると知ることも、やりがいにつながります。関わったゲームについて、インターネットで検索することも多いです。SNSでプレーヤーがほめてくれているのを見ると、うれしいですね。他言語での投稿も多く見かけたので、世界中から愛されるゲームにたずさわったことを実感しました。ゲーム開発者が集まる大きなイベントで講演をした際に、同業者の方から直接、感想を聞けたこともうれしかったです。

## Q 仕事をする上で、大事にしていることは何ですか？

プレーヤー目線で考えることです。私はずっとそのゲームに関わっているので、内容も操作の仕方もわかっています。そうすると、初めてプレーする人にとってわかりづらい点、操作が難しい点に気づけないことがあります。勉強や仕事でのつまずきなら、調べて解決しようとするかもしれませんが、ゲームだと「わからないからいいや」とプレーをやめてしまう人もいます。そうならないように、プレーヤーにとっての遊びやすさを、よく考えることが大切です。

また、世の中には数多くのゲームがありますから、「あれと同じだな」となってしまってはつまらないので、開発するゲームには何かしら新しさを入れるよう心がけています。

「自分がたずさわったゲームの機能を、他部署の人にわかりやすく説明しました」

## Q なぜこの仕事を目指したのですか？

幼いころからゲームや映画、マンガが大好きで、大人になったらエンターテインメントの仕事をすると決めていました。大学では映像関係の勉強をしたものの、いろいろ学ぶうちに、やはりゲームがいちばんいいなと思うようになったんです。ゲームは映像、物語、音楽の全部を楽しめるエンターテインメントである上に、何百時間も楽しめます。1本のゲームで何回も遊べますし、ものによっては遊ぶたびにストーリーが変わることさえあります。

また、ゲームのよいところは、あたえられたものを観たり聞いたりするだけではなく、自分自身がプレーヤーとして主人公になれるという点です。だからこそ人の記憶に残りやすいのだと思います。せっかく仕事をするなら、多くの人の思い出に残るものをつくりたいので、この仕事に決めました。

「コントローラーを使って実際にプレーし、操作のしやすさやわかりやすさなどを確かめます」

## Q 今までにどんな仕事をしましたか？

大学院を卒業後、この会社に入社しました。最初はスマホ向けゲームの開発をする部署で、アシスタントプロデューサーとして予算やスケジュールの管理、外部スタッフへの仕事の依頼など、多くの業務を経験しました。オンラインでサービスの運営を続けるゲームでは、世に出した後も数か月ごとにアップデート※し、新しい要素を追加します。目まぐるしい毎日でしたが、ゲームができるまでのひと通りの流れを経験できたのはよかったと思います。

その後、もっとゲームの開発現場に近い仕事がしたいと考え、希望を出して今のゲームデザイナー職に就きました。

用語 ※ アップデート ⇒ 不具合の修正や、新しい要素、機能の追加などを行い、いちど完成したものを新しくすること。

## Q 仕事をする上で、難しいと感じる部分はどこですか？

つくっているゲームがプレーヤーに喜ばれるかどうかが、完成してプレーヤーが遊んでみてくれるまでわからない点です。自分の納得と上司の了解をゴールとして発売するしかありません。そのゴールについても、意見がくいちがうことがあります。あるとき「この機能は不要」と上司が判断したことがありました。けれども、現場で設計を担当し、何百時間もその機能と向き合ってきた私としては「この機能は絶対に必要」と思ったので、自分の意見を押し通しました。

だれも正解を示せないなかでのやりとりでしたが、私は自分の仕事に責任をもって、担当した部分の設計をやりとげたいと考えています。

## Q この仕事をするには、どんな力が必要ですか？

ゲーム開発には長い時間がかかるので、ひとつのことを飽きずに続けられる力が必要です。飽きて仕事の手をぬくと、それが操作や画面表示の違和感になってユーザーに伝わってしまいます。ですので、たとえ気づかれないだろうと思っても妥協せず、細部までこだわる力が大切だと思います。

これらに加えて、勉強を続ける力も必要です。ゲーム業界は技術や流行の変化のスピードがとても速いので、つねに新しい情報を取り入れ続けなければいけません。また、ある程度有名なアニメやゲームは常識として頭に入っている方が開発者どうしで話が進みやすいので、過去のゲームについての勉強も欠かせません。

「作業のほとんどはパソコンで行いますが、アイデアが浮かんだとき、最初の作業として紙に書くことが多いです」

・ゲーム機とコントローラー・

・水筒・

・ヘッドフォン・

・キーボード・

・アームレスト・

・大型マウスパッドとマウス・

## PICKUP ITEM

会社へ行くときにはいつも水筒を持参する。既存のゲームを勉強するためのゲーム機や、新しい機能を確認するためのコントローラー、ヘッドフォンは欠かせない。キーボードの手前にアームレストを置き、長時間のパソコン作業による手首の疲れを予防する対策をしている。大型マウスパッドにはFFのキャラクターが描かれており、青野さんのお気に入り。マウスは親指で玉を動かすトラックボールタイプを使うことで、手首への負担を減らしている。

# 毎日の生活と将来

## Q 休みの日には何をしていますか？

　映画を観たり、友人とリアル謎解きゲーム※に行ったりすることが多いです。1日に3〜4本謎解きをすることもあります。映画はジャンルを問わず何でも観ます。

　ほかにはボードゲームをすることや、ゲームセンターや展覧会に行くことも好きですし、1日中家にこもってビデオゲームをすることもあります。好きなことがたくさんあって休日が足りないくらいです。買ったのに遊べていないゲームのソフトがたくさんあります。

「東京タワーの真下で開催されていた、リアル謎解きゲームに友人と挑戦しました。スリル満点で楽しかったです」

「『名探偵コナン』のリアル脱出ゲームに参加しました。脱出に成功して、記念写真を撮りました」

## Q ふだんの生活で気をつけていることはありますか？

　あらゆることに興味をもつようにしています。ゲームや映画、マンガなどの分野は、アンテナを張ってつねに新しい作品の情報を仕入れるようにしています。SNSを見たりWEBのニュースを見たりすることが多いですが、映画館に行ったら、置いてあるチラシを持ち帰ってチェックします。海外のエンタメ系のWEBサイトもよく見ますね。日本とはちがう流行が追えるのでおもしろいです。

　仕事のアイデアの種になりそうなことはメモをとることも多いですが、仕事のためにやっているというよりも、エンタメの情報を追うことが生活の一部になっています。

## 青野さんのある1週間

| 時間 | 月 | 火 | 水 | 木 | 金 | 土 | 日 |
|---|---|---|---|---|---|---|---|
| 05:00〜07:00 | 睡眠 | 睡眠 | 睡眠 | 睡眠 | 睡眠 | 休み | 休み |
| 09:00 | 準備・食事 | 準備・食事 | 準備・食事 | 準備・食事 | 準備・食事 | 休み | 休み |
| 11:00 | 出社 | 出社、社内英語レッスン | 出社 | 出社 | 出社 | 休み | 休み |
| 13:00 | ゲーム機チェック／ランチ | ゲーム機チェック／ランチ | ゲーム機チェック／ランチ／データ実装 | ゲーム機チェック／ランチ | 通しプレー／ランチ／ゲーム機チェック | 休み | 休み |
| 15:00 | 仕様書作成 | データ準備 | 定例会議 | データ準備 | プログラマー相談／発注資料作成 | 休み | 休み |
| 17:00 | 定例会議／データ準備 | 仕様説明会議 | バグ修正／シナリオ資料確認／通しプレー | テキスト調整／企画の打ち合わせ | データ準備 | 休み | 休み |
| 19:00 |  | 仕様書調整 |  | 仕様書調整 | 講演準備 | 休み | 休み |
| 21:00 | 帰宅・食事 | バグ※修正 | 映画館で映画鑑賞 | バグ修正 | 友人と飲み会 | 休み | 休み |
| 23:00 | ゲームや読書 | 帰宅・食事／ゲームや読書 | 帰宅 | 帰宅・食事／ゲームや読書 | 帰宅 | 休み | 休み |
| 01:00 | オンライン英会話／ゲームや読書 | オンライン英会話／ゲームや読書 | オンライン英会話／ゲームや読書 | オンライン英会話／ゲームや読書 | オンライン英会話／ゲームや読書 | 休み | 休み |
| 03:00〜05:00 | 睡眠 | 睡眠 | 睡眠 | 睡眠 | 睡眠 | 休み | 休み |

この週は5日間とも出社し、仕様書の作成やデータ実装など通常の仕事をした。翌週にゲームデザイナーとしての講演をひかえていたため、金曜日にそのための準備をした。

---

用語 ※リアル謎解きゲーム ⇒ 謎を解きながらクリアを目指す体験型のゲーム。レジャー施設などで開催されるほか、専門の施設もある。

用語 ※バグ ⇒ プログラム上の誤りや不具合のこと。

## Q 将来のために、今努力していることはありますか？

　自分の好みではないゲーム作品や場所でも、すすめられたらやってみる、行ってみるようにしています。自分が気になるものだけにふれていると、どうしてもかたよってしまうので、ふだんだったら手を出さないな、というものにふれてみることは大切だと思っています。

　その結果、やっぱり好きじゃないとわかればそれでいいですし、意外にハマるかもしれません。世の中にはこういうものが好きな人もいる、という勉強にもなるので、何でも食わずぎらいはしないようにしています。

監修した攻略本をめくる青野さん。「子どものころから攻略本が好きで、そこにのっていてあこがれていたゲームデザイナーと、今いっしょに仕事をしていることが感慨深いです」

本社は東京の新宿区にある。「いそがしくなると自宅でのリモート作業が多くなりますが、会社へ来られるときは来て、ほかのスタッフとコミュニケーションをとるようにしています」

## Q これからどんな仕事をし、どのように暮らしたいですか？

　好きなゲームのことを考えたり、ゲームをつくったりすることがいちばん楽しいので、10年、20年後もゲームをつくり続けていると思います。

　将来は、自分のアイデアをもとにしたゲームを完成させて、世の中に出してみたいですね。規模はどんなに小さくてもいいので、自分が考えたゲームを楽しんでくれる人がいたらいいな、と思います。そんな気持ちもあって、仕事以外で個人的にゲームをつくりたいとずっと思ってはいるのですが、なかなか時間がとれずにいます。

---

### ゲームデザイナーになるには……

　理工学、情報工学、芸術を学べる大学や専門学校に進学し、CGやプログラミング、デザインなどの専門分野を学ぶ人が多いようです。一方で、この仕事にはあらゆる知識が役立つので、興味のある分野へ進学して知識を広げることもおすすめです。ゲームに特化した専門学校もあるので、進学して知識や技術を習得することもよいでしょう。

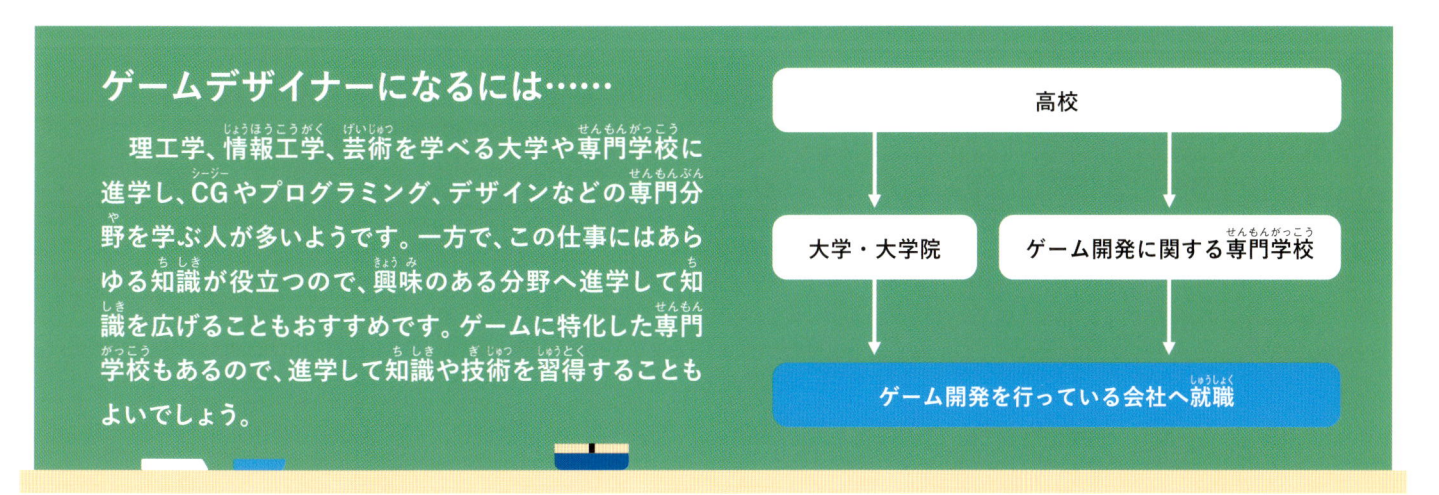

高校
↓ ↓
大学・大学院 ／ ゲーム開発に関する専門学校
↓ ↓
ゲーム開発を行っている会社へ就職

※ この本では、大学に短期大学もふくめています。

# 子どものころ

## Q 小学生・中学生のとき、どんな子どもでしたか？

映画や本、ゲーム、マンガが好きで、映画やアニメを借りられるレンタルショップや、書店、ゲームショップによく行っていました。とくにゲームの攻略本を読むのが好きで、プレーをする上では出てこないキャラクターの過去や、ゲームの世界の細かい設定を暗記するほど読みこんでいました。もうぼろぼろになっていますが、今も大切にとってあります。最近制作にたずさわったFF16の攻略本で、自分もその監修者のひとりになれたのは感慨深かったです。

音楽も好きで、中学では吹奏楽部の活動に熱中しました。担当したのは打楽器です。高校ではオーケストラ部に入りました。中学でも高校でも副部長をつとめました。

副部長のほか学級委員もつとめるなど、人前で場を仕切ることも好きでしたね。今の仕事では「これをつくってください」と自分のつくりたいものを伝え、チームをひっぱる場面が多いので、このときの経験が活きていると感じます。

勉強は、テスト前以外はあまりしなかったのですが、それほど苦労はしませんでした。なかでも文系の科目は得意でしたし、好きでした。ゲームに出てくる技の名前や世界観などは神話や哲学の分野からつけられていることが多かったので、古代の歴史を学ぶのは楽しかったです。

「中学時代は、吹奏楽部での打楽器演奏に夢中でした」

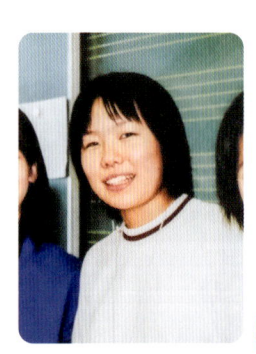

「上の写真は音楽室での私です。左は吹奏楽部で演奏した曲の楽譜と、当時使っていたスティックです」

## 青野さんの夢ルート

**幼少期 ▶ ミュージカルスター ゲーム制作の仕事**

ミュージカルスターにあこがれていた。ゲーム制作の仕事にも興味をもっていた。

**小・中学校 ▶ 映画監督**

映画のおもしろさにハマった。

**高校・大学 ▶ 映像クリエイターなど**

エンタメ系のクリエイター職に興味をもっていた。

**大学院 ▶ ゲーム開発者**

大学院で映画論と哲学を学んだが、結局は小さなころから好きだったゲーム開発職に進路を変更した。

小学生のころに夢中になって読んだ『ゼルダの伝説』の攻略本。

## Q 子どものころにやっておけばよかったことはありますか？

もっとさまざまなゲームや映画にふれておきたかったです。遊びたい、観たい作品はこの世に無数にあり、さらにつくり続けられているのに、大人になるとそのための時間をとることが難しく、もどかしいです。

また、計算が苦手なのでそろばんは習っておけばよかったです。仕事ではパソコンを使うので問題ないのですが、頭のなかで複雑な暗算ができる人を見ると、あこがれます。

私の両親は何でも自由にやらせてくれたので、好きなことに存分に挑戦できたのはよかったと思います。

## Q 中学のときの職場体験は、どこへ行きましたか？

数人で楽器店に行きました。接客の体験などではなく、お店を見学させてもらったり、仕事内容の説明を聞いたりした記憶があります。

体験先のリストから行きたい職場を選んで、何人かのグループで行きました。私は吹奏楽部だったので音楽に興味があり、楽器店を選びました。当時はなかったのですが、リストにゲーム関係の職場があったら行ってみたかったですね。

## Q 職場体験ではどんな印象をもちましたか？

楽しかった気はするのですが、職場体験の記憶はほとんど残っていません。私の「働くこと」への意識は、父の姿を見て芽生えたと感じています。出版関係の会社で働く父は仕事がいそがしく、ほとんど家にいませんでした。そのようすを見て、仕事にはこんなに時間をとられるんだ、それなら好きなことや楽しいことを仕事にしたいな、と思っていました。

また、当時はゲーム雑誌や攻略本を夢中で読んでいて、そこに書かれているゲーム開発者のインタビューなどからゲームに関する仕事のイメージをふくらませていました。そのあこがれが、今につながっています。

## Q この仕事を目指すなら、今、何をすればいいですか？

この仕事では、はば広い知識をもつことが武器になります。大人になると知識を吸収する時間をとりづらくなるので、ゲーム、映画、本など、興味のあるものは今のうちにどんどん観たり読んだりしておくといいと思います。

また学校で学ぶ科目はすべて、ゲーム開発に役立ちます。ゲーム開発に必要なプログラミングに関する情報は、英語のものが多いです。そしてセリフや文章には国語、ものの動きを理解するには理科、中世や古代の世界観を知るためには社会、などです。一見するとゲームと関係なさそうでも将来必ず役に立つので、勉強はしておいて損はないです。

世界中のゲームファンが夢中になってプレーしてくれる作品を手がけていきたいです

## – 今できること –

**ふだんの暮らし**

ゲームや映画、音楽、本など、さまざまなエンタメの作品を楽しみましょう。インターネットや雑誌で最新情報をチェックするなど、興味があることを広く知ろうとする習慣を身につけることもよいでしょう。

またこの仕事では、デザイナーやプログラマーなどほかの職種の人にデータの制作を依頼したり、チームを取り仕切ったりする場面がたくさんあります。学級委員や学校行事の実行委員など、リーダーの役割をする機会があれば積極的に挑戦しましょう。

**国語** プログラマーなどへ、ゲームの仕様を説明するのがおもな仕事です。人に読まれることを意識して、わかりやすく説得力のある文章を書くことを心がけましょう。

**社会** 日本や世界の地理や歴史に対する理解を深めましょう。ゲームの世界観の設定を考えるのに役立ちます。

**技術** デジタル作品の設計・制作を行ったり、簡単なプログラミングに挑戦したりしましょう。

**英語** プログラミング言語に英語が使われているので、英語の文法や語彙力を身につけましょう。世界の優れたゲームの情報を得る上でも、英語力は欠かせません。

# キャラクターデザイナー
## Character Designer

アクアスター
太田 光さん
入社16年目 37歳

スマホゲームに
登場するキャラクターを
描いています

ゲーム会社からの注文に応じて、ゲームのキャラクターイラストを制作する会社があります。どのようにして制作しているのでしょうか？　アクアスターでスマホゲームのキャラクターイラストの制作を手がけている太田光さんに、お話を聞きました。

# Q キャラクターデザイナーとはどんな仕事ですか？

ゲームや広告などでイラストが必要とされる場合に、企画のコンセプトに合わせた人物や生物のイラストを描き起こす仕事です。キャラクターの説明文から想像をふくらませ、体型や顔、衣装などの見た目（ビジュアル）をデザインします。

私の所属するアクアスターでは、ゲーム、マンガ、動画、広告などに使われるイラストを、社内に40人いるイラストレーターが描いており、大量の注文にも応じることができます。依頼主の求めに応じてオリジナルのキャラクターを創造することもあれば、だれもが知っているようなアニメのキャラクターを、広告やカードゲームのために描くこともあります。

ゲームの制作は多くの仕事に分かれています。そのなかで、必要となるイラストは、ゲーム会社から私たちの会社のようなイラスト制作会社に依頼されることが多いです。とくにスマホゲームの場合は毎月イベント※が開催されるので、次々と新しいイラストの制作が依頼されます。

依頼されたらまず、ゲーム会社内で決定したビジュアルの設定資料に沿って、キャラクターのポーズ、アングル（角度）、背景などを考えて大ラフを描きます。大ラフから線画、着色と、作業の段階ごとにゲーム会社の担当者が確認し、私たちは求めに応じて修正して、決められた納期までに納品します。

私はこの会社で15年、キャラクターのイラストを描いています。ユーザーがよりゲームを楽しめるキャラクターを制作するのが私の役割です。今は制作部の部長として、部下のイラストレーターたちの仕事を統括するマネジメント業務が多くなっていますが、お客さまが私を指名して制作を依頼してくださる場合は、必ず引き受けるようにしています。

## ゲームのキャラクターデザインの流れ

### ❶ ゲーム会社から依頼される

ゲーム会社からの依頼の概要を、営業担当が聞く。社内で営業担当、キャラクターデザイナー、スケジュール担当などがチームになって打ち合わせし、納品までの期間や予算を検討する。ゲーム会社と合意したら仕事開始。

### ❷ 大ラフ制作とチェック

注文に従って、ひとつひとつのイラストの構図をタブレットで描く。この段階では、服は着せない。大ラフをゲーム会社がチェックする。すでに商品化されているキャラクターを描く場合は、著作権をもつ会社もチェックを行う。

### ❸ 詳細ラフ制作とチェック

大ラフをもとに、表情や衣装などのデザインを加え、完成イメージを伝えるための「詳細ラフ」を作成する。配色の案もこの段階で作成し、チェックしてもらう。

### ❹ 線画制作とチェック

完成した詳細ラフを下地にして、線画の「清書作業」を行う。作品によって、線の太さやペンの力の入れ方の強弱など、細かなルールがある。ここからの作業が、実際に納品するデータをつくる作業となる。

### ❺ 着色して納品

線画に色をつける。背景を合成したり、ぼかしなどのエフェクト（効果）を加えたりして仕上げる。できたデータに問題がないかを確認し、ゲーム会社に納品する。アクアスターが受注する標準的な企画では、開始から納品までは約1か月。

## ゲームのビジュアルに関するいろいろな仕事

### ● アートディレクター

ゲーム内のすべてのビジュアルを統括する仕事。思い描いているビジュアルのイメージを、キャラクターデザイナーやイラストレーターへ的確に伝える能力が求められる。

### ● キャラクターデザイナー（太田さん担当）

アートディレクターが思い描いているキャラクターを具現化する仕事。太田さんのように平面のキャラクターを手がける人を2Dデザイナー、立体のキャラクターを手がける人を3Dデザイナーとよぶこともある。

### ● エフェクトデザイナー

ゲーム内で登場する爆破シーンや、攻撃時の衝撃の描写など、演出に特化したデザインを担当する。例えばキャラクターの初登場のシーンではキラキラした演出、火炎攻撃には炎の演出など、CGを用いて描く。

### ● モーションデザイナー／モーションアクター

モーションデザイナーは、ゲームに登場するキャラクターの身振りや、個性に応じた「動き」を決めていく仕事。モーションアクターは、体にセンサーをつけて、実際に動きながらゲーム内のキャラクターの動きを表現する仕事だ。

---

**用語** ※ イベント ⇒ ここでいうイベントは、プレーヤーの満足度を上げたり、新しいプレーヤーを獲得したりするためにゲーム内で定期的に行われる催し物のこと。季節にちなんだものなど、趣向を凝らして行われる。

# 仕事の魅力

## Q どんなところが やりがいなのですか？

制作に関わったゲームがプレーヤーに喜んでもらえるとやりがいを感じます。先日、ゲーム会社が主催する、あるスマホゲームの配信開始10周年を記念した動画配信に立ち会いました。実際にプレーした出演者の反応や、視聴者のコメントを見られてうれしかったです。

描く絵柄のはば広さにもやりがいを感じています。私たちの会社にはいろいろなゲーム会社からいろいろな作品のイラストの依頼がきます。ですので、飽きるということがないですね。また、キャラクターが100人、200人と出てくるような有名な作品に関われることも、この会社ならではです。

## Q 仕事をする上で、大事に していることは何ですか？

ゲームには、とくに遊んでほしいターゲットの年齢が設定されています。小・中学生向けのゲームの場合は、自分の子どものころの気持ちを思い出し、子どもたちの身になって、彼らがよいと感じられるものを描くようにしています。

また、部署のみんなとのコミュニケーションも大事にしています。節分に豆まきをする、昼休みにパンケーキの出前をたくさんとってパンケーキ会をするなどして、なるべく全員と関われるよう、意識しています。

キャラクターの制作をする太田さん。「作画には、CLIP STUDIO PAINT とPhotoshopＣを使っています」

### 太田さんのある1日

| 09:45 | 出社。朝礼 |
|---|---|
| 10:30 | メール・チャットのチェック |
| 11:00 | 経営会議 |
| 13:00 | ランチ |
| 14:00 | キャラクター制作作業 |
| 16:00 | ゲーム会社と打ち合わせ |
| 17:00 | 部署の予算申請のための資料作成 |
| 19:00 | 翌日の準備をして、退社 |

太田さんが描いたゲームのキャラクター。「ゲーム内で敵として出てくるモンスターです。恐竜をイメージしてデザインしました」

## Q なぜこの仕事を 目指したのですか？

幼いころから絵を描くことが好きで、マンガ家になりたかった時期もありました。また、好きなゲームがあったので、そのキャラクターを描く仕事がしたいとも思っていました。

今の会社に入ったのは、大学のデザイン学科に進学した影響が大きかったです。ゲーム会社で働きたいと思っていましたが、何人もの教授からデザインを学ぶうちに、自分はゲームづくりをしたいのではなく、イラストを描くことで作品に関わりたいんだと気づきました。

アクアスターは、ゲームのほか、広告やマンガ、自治体のキャラクターなどさまざまなイラストを制作する会社です。私は多くの作品にたずさわり、結果としてたくさんのイラストを描いてきました。ゲーム会社に就職していたら、イラスト制作よりも企画の仕事が多くなっていたかもしれません。

# Q 今までに どんな仕事をしましたか？

　入社以来ずっと今の部署で働いていますが、これまで手がけた仕事でいちばん印象に残っているのは、6年間担当したスマホゲームです。基本的にはゲーム会社の指示に従ってキャラクターを描きますが、長く担当するうちに信頼関係ができて、全体の指示だけいただき、詳細部分は私にデザインをまかせてもらえるようになりました。「いっしょにゲームをつくっている」という感じがして楽しかったですね。

　別の社員に引きつぎましたが、ゲームの配信は今も続いています。競争が激しいスマホゲームのなかで、長く続くゲームにたずさわれたことを誇りに思います。

# Q 仕事をする上で、難しいと 感じる部分はどこですか？

　提出したものに対してゲーム会社からの注文が多く、何度もやり直しになるとつらいなと思います。とくに、マンガやアニメが原作の作品の場合は、キャラクターの造形にまちがいがないかのチェックが厳しく、ゼロから自分でつくり上げる仕事とはちがった難しさがあります。もちろん、自分が相手の意図をくみ取れていなかった、構図の正確性に欠けていた、などの場合もあるので、勉強だと思って取り組んでいます。

　また、納期を守ることも大変です。私たちのイラストが完成しないとその先のゲームの制作が進まないからです。いろいろな事情で納期がふだんより短いことがあっても質は落とせないので、そこが難しい部分ですね。

作画について、後輩にアドバイスする太田さん。「ほかの色づかいを試してみるように伝えたら、とてもいい絵になりました」

・ 液晶タブレットと 専用ペン

・ ノート

・ 名刺入れ

## PICKUP ITEM

イラストの大ラフから着彩まで、すべての作画工程を液晶タブレットと専用ペンを使って行う。仕事のアイデアなどは緑のノートに書きこみ、社内外のミーティングの記録には黄色のノートを使う。名刺入れは、名刺がたくさん入るタイプを使っている。ゲーム会社の人に会うだけでなく、イラスト関連の専門学校に行って仕事の説明を行う機会もあり、多くの先生に渡すためだ。

# Q この仕事をするには、 どんな力が必要ですか？

　チームで行う仕事なので、コミュニケーション力と、当然のことですが、イラストの品質にこだわりぬく力が必要です。

　また、スピード感も大切です。イラストを描く速さももちろんですが、しめきりに間に合いそうにないなら早めに上司に相談するなどの判断の早さも重要です。「怒られそう」「がんばれば全部自分でできるはず」と先のばしにすると、結局はみんなに迷惑がかかります。リーダーともなれば、より早い判断が必要になります。依頼を引き受けるかどうかの判断がおそく、そのせいでその仕事がほかの会社にわたってしまった、ということも起こってしまいます。

# 毎日の生活と将来

## Q 休みの日には何をしていますか？

ドライブがてら川に出かけて、釣りをすることが多いです。昔は休日も趣味でイラストを描いていましたが、最近は描かなくなり、家で過ごす日は仕事で活かせるような組織運営についての本を読むことが多くなりました。

映画館に行くことも多いです。とくに流行しているアニメのキャラクターは、ゲームとのコラボレーションなどで仕事として描くことも多いので、話が来たときに「知らない」とならないよう、話題作はなるべく観るようにしています。

「私の愛車です。釣りスポットでもある川沿いの道はドライブにぴったりなので、天気がいいと出かけます」

「川でこんなに大きな魚を釣り上げました。自然のなかで過ごすとリラックスできていいですね」

## Q ふだんの生活で気をつけていることはありますか？

イラストの業界でもAIによるイラストが浸透しつつあるので、ふだんの生活でテレビやSNSを見るときにAIによるものかどうかを意識するようにしています。気をつけて広告や映像を見ていると、このイラストや映像はAIでつくったものだな、とわかるようになってきます。

AIに関しては世の中のルールづくりが追いついておらず、作品に取り入れるには著作権の問題などの課題も多いです。AIがこんなふうに使われているんだとか、この使い方なら問題にならないとか、時代の流れを見ながら、今後、自分たちの仕事でAIをどうあつかうかの参考にしています。

### 太田さんのある1週間

制作部の部長として、会議や資料作成など多くの仕事をこなしている。1日に1回は、部下が描いたイラストのチェックなどのアートディレクション※やイラスト制作を行う。

| | 月 | 火 | 水 | 木 | 金 | 土 | 日 |
|---|---|---|---|---|---|---|---|
| 05:00 | 睡眠 | 睡眠 | 睡眠 | 睡眠 | 睡眠 | | |
| 07:00 | 朝食・準備 | 朝食・準備 | 朝食・準備 | 朝食・準備 | 朝食・準備 | | |
| 09:00 | 移動・出社 | 移動・出社 | 移動・出社 | 移動・出社 | 移動・出社 | | |
| 11:00 | 朝礼・連絡確認など / キャラクターデザイン作業 | 経営会議 / アートディレクション | アートディレクション / 定例会議 | 朝礼 / 企画提案用ビジュアルの会議 | 朝礼・連絡確認など / アートディレクション | 休み | |
| 13:00 | ランチ | ランチ | ランチ | ランチ | 定例会議 / ランチ | | |
| 15:00 | 社内イベント用ビジュアル制作 | キャラクターラフ制作 | 定例会議 / 面接 | 新卒採用 / 会社説明会 | 社内販促用ビジュアル制作 | | |
| 17:00 | 定例会議 / マネジメント業務 | 定例会議 / 打ち合わせ | 移動・通院 / マネジメント業務 | キャラクター線画・着彩作業 / 定例会議 | 面接 / 打ち合わせ | 休み | |
| 19:00 | 資料作成 / 移動・帰宅 | マネジメント業務 / 採用資料制作 | 資料作成 / 移動・帰宅 | マネジメント業務 / 社内懇親会 | 社内懇親会 | | |
| 21:00 | 夕食 | 移動・帰宅 | 移動・帰宅 / 夕食 | 移動・帰宅 / 夕食 | 移動・帰宅 | | 翌週の準備 |
| 23:00 | | 夕食 | | | | | |
| 01:00 | | | | | | | 休み |
| 03:00 | 睡眠 | 睡眠 | 睡眠 | 睡眠 | 睡眠 | | |
| 05:00 | | | | | | | |

用語 ※ アートディレクション ⇒ ゲーム、WEBサイト、商品パッケージ、広告、動画などを制作する場で、美術面を指揮すること。

## Q 将来のために、今努力していることはありますか?

よいチームをつくれるように、また若い社員が短期間で会社をやめないですむように、キャリアデザイン※について勉強しています。若手の社員のなかには、会社員として働き続けるよりも、フリーランスとして有名になることを目指した方がよいのではないかと迷いをいだく人もいます。ですので、個人として活躍するキャリアの道筋もある程度、会社側が考えてアドバイスすることで、将来に希望をもってほしいと考えています。

働くうちに自分の適性も見えてくるはずなので、管理職に進む道、アートディレクションを学ぶ道など選択肢を示しながら、個人のやりたいことと会社でできることの重なる部分が少しでも広くなるようにしたいです。

会社の入り口にあるモニターには"会社のビジョン"を可視化したビジュアルが表示されている。「社員全員の"生きる力"をイラストにしてもらい、それらを1枚にまとめるアートディレクションを行いました」

「管理職として、これからイラストの業界で仕事をする人にどのようなキャリアの道筋があり得るのか、本を読んで勉強しています」

## Q これからどんな仕事をし、どのように暮らしたいですか?

イラストを描く仕事というと、仕事が大変で収入が不安定、というイメージをもつ人が多いかもしれません。でも、私のように会社員として決まった給料をもらいながらイラストを描く仕事もあるということを、この仕事に興味がある人たちに伝えたいです。そのための何かをしたいと思っています。

個人的なことだと、最近できていない自分の作品づくりを再開して、公私ともに楽しくイラスト制作をしながら暮らしたいです。それと、生きものを飼いたいです。今はイモリを飼っていますが、ほかの生きものも飼いたいですね。

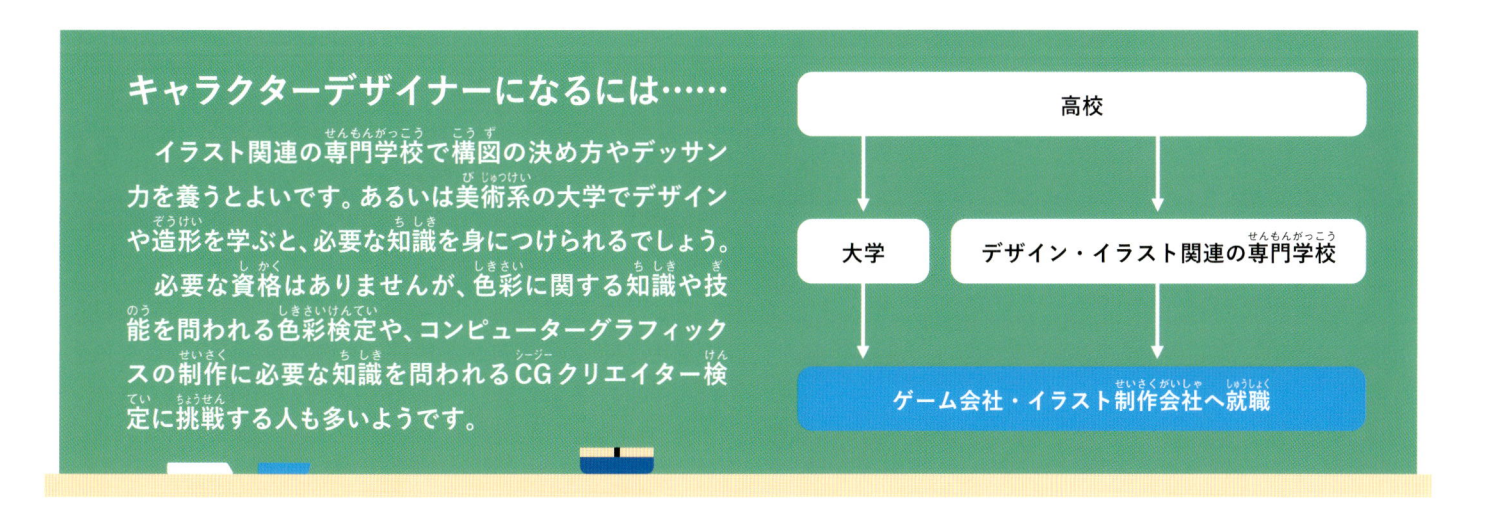

### キャラクターデザイナーになるには……

イラスト関連の専門学校で構図の決め方やデッサン力を養うとよいです。あるいは美術系の大学でデザインや造形を学ぶと、必要な知識を身につけられるでしょう。

必要な資格はありませんが、色彩に関する知識や技能を問われる色彩検定や、コンピューターグラフィックスの制作に必要な知識を問われるCGクリエイター検定に挑戦する人も多いようです。

```
高校
  ├→ 大学
  └→ デザイン・イラスト関連の専門学校
        ↓
  ゲーム会社・イラスト制作会社へ就職
```

**用語** ※ キャリアデザイン ⇒ 将来自分がどうなりたいのか、どんな働き方をしたいのかを自分自身で設計していく考え方。

# 子どものころ

## Q 小学生・中学生のとき、どんな子どもでしたか？

「ポケットモンスター」や「ドラゴンクエスト」などのゲームに熱中していました。当時はゲームボーイアドバンスという携帯ゲーム機が主流で、公園に持っていって友だちと毎日暗くなるまでゲームをしていましたね。外遊びも好きで、近所の川でよく生きものをつかまえて、家で飼っていました。

小学生までは絵を描くことが大好きで、ポケモン図鑑を自作するほどでしたが、中学に入ると思春期で「何かに熱中するなんて、ダサい」と感じるようになり、ほとんど描かなくなりました。親が私の作品を幼いころのものからきちんと保存してくれているのですが、中学時代の作品はありません。今考えるともったいない時期でしたね。部活は卓球部に入りましたが、熱心には取り組みませんでした。部員のみんなと遊んでいることが楽しかったんです。

授業はきちんと聞いて、絵入りでノートをとっていました。とくに理科は、ノートに絵を入れやすい内容が多いので好きでしたね。小学6年生から高校受験までは塾にも通い、ちがう学校の友だちができて楽しかったです。塾は成績順にクラス分けされるので、いちばん上のクラスに居続けたいという気持ちでがんばって勉強していました。

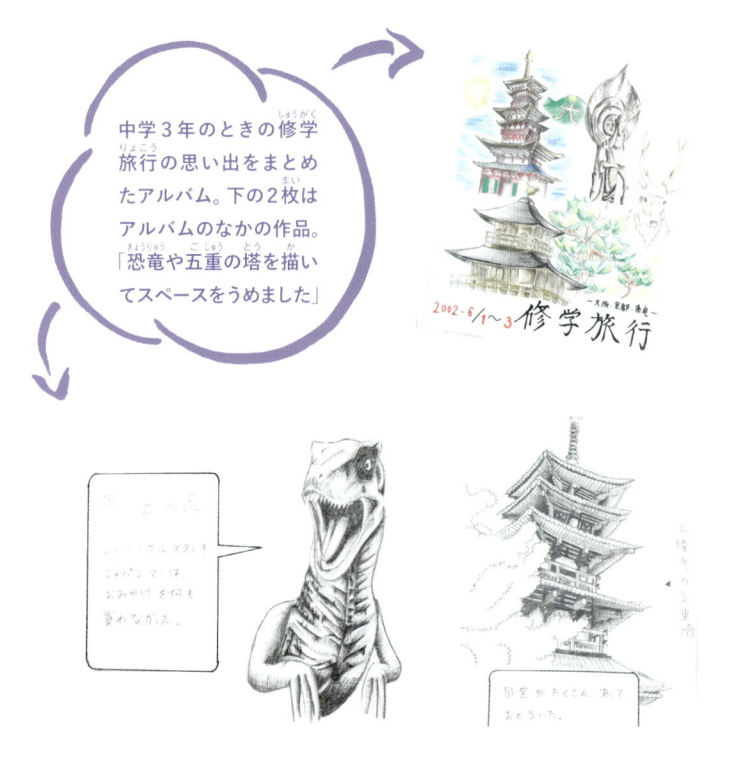

中学3年のときの修学旅行の思い出をまとめたアルバム。下の2枚はアルバムのなかの作品。「恐竜や五重の塔を描いてスペースをうめました」

## 太田さんの夢ルート

### 小学校 ▶ 大工
祖父が大工だったため、あこがれの気持ちがあった。
▼
### 中学校 ▶ とくになし
将来について考えることはとくになかった。
▼
### 高校 ▶ マンガ家
絵を描く仕事をしたいと思った。思いつく仕事がマンガ家くらいだった。
▼
### 大学 ▶ キャラクターデザイナー
大学のデザイン学科で学び、絵を描くことで作品の世界観をつくりたいと思った。

中学の入学式での太田さん。「家族と撮ったので、照れくさそうな表情をしていますね」

## Q 子どものころにやっておけばよかったことはありますか？

人見知りが激しかったため、サッカーや音楽など、興味はあったのに始められなかったものが多いので、もっといろいろな部活や習い事に挑戦すればよかったです。人間関係の構築やコミュニケーションの面で、学べることが多かったはず、と後悔しています。

小学生時代に習った剣道はやってよかったです。親に勝手に入会させられたのでいやいや通っていましたが、精神面がきたえられ礼儀も身についたので、今は感謝しています。

## Q 中学のときの職場体験は、どこへ行きましたか？

くわしく覚えていないのですが、自分たちが体験しに行くのではなく、いろいろな職業の方が学校に来てくれて、仕事内容などのお話を聞くかたちでした。数人ずつの班に分かれて、班ごとにそれぞれの職業の方から話を聞いた記憶があります。私はごみ収集を行う会社の方のお話を選んで聞きました。なぜその仕事を選んだのかは覚えていません。

## Q ごみ収集の仕事の話を聞いてどんな印象をもちましたか？

中学時代は、高校受験をひかえていることもあり、「大人になる」ということをあまり前向きにとらえられない時期でした。そんなときに親でも教師でもない大人の話を聞けたことで、世界が広がって見えたのでよかったと思います。

今になって思うのは、転職を重ねることもめずらしくないこの時代でも、私のなかには「会社は長くつとめるもの」という考えがしみついています。その根底には、高校を卒業してから定年まで同じ会社で働き続けた父の姿があります。私も会社をやめたいと思ったことは何度かありましたが、父の姿を思い浮かべて15年間続けてきました。その結果、今楽しく働けているので、やめなくてよかったと思っています。

## Q この仕事を目指すなら、今、何をすればいいですか？

基礎画力とコミュニケーション力は、個人のクリエイターとして活躍するにも、会社員として働くにも、どちらの場合でも重要な技術なので、身につけておいて損はないです。

またイラストを描く際に、好きなものをまねして描いてももちろん練習にはなるのですが、デッサン力の基礎を身につけておかないと、どこかで壁にぶつかります。仕事としてイラストを描くなら、重心のバランスがとれている、人物や物体の構造を理解しているなどの、基本ができている必要があります。できれば美術の先生や絵を学んだことがある大人にデッサンの指導をしてもらうとよいです。

魅力的なキャラクターを描いてゲームファンのみなさんに喜んでもらいたいです

## − 今できること −

**ふだんの暮らし**

ゲームのキャラクターデザインには、画面構成力、デッサン力、デザイン力の総合力が必要です。これらの究極の成功例が、世の中のだれもが知る大人気のアニメやゲームのキャラクターです。これらの作品をまねて描くことから始めましょう。その際に大切なのは、キャラクターの顔よりも、全身の重心にかたよりがないかなどの正確性です。美術部があれば、入部して先生にアドバイスをもらいながら練習を積みましょう。また、いろいろな作風のイラストにも挑戦しましょう。

**国語**
ゲーム会社がキャラクターに何を求めているのか、資料の文章から理解する力が必要です。文章に書かれている内容を正しく理解する読解力をつけましょう。

**理科**
人体と動物の体のつくりについて、よく学びましょう。哺乳類だけでなく、魚類、両生類、は虫類、鳥類のすべてが、ゲームのキャラクターのモチーフになります。

**美術**
デッサンの課題に取り組みましょう。例えば、対象物を見る方向、置く場所を変えるだけで、影などの表現に変化をつけられます。いろいろなパターンで作画しましょう。

**英語**
海外にルーツをもつメンバーとチームを組むこともあります。日常会話ができる力を身につけましょう。

# 声優

## Voice Actor

青二プロダクション
三上枝織さん
芸歴18年目 36歳

ゲームのなかの
キャラクターに
なりきって演じます

キャラクターが登場するゲームでは、キャラクターの音声も、楽しみのひとつです。プレーヤーがゲームに没入するためには、優れた声の演技が求められます。声優の仕事について、三上枝織さんにお話を聞きました。

# Q 声優とは どんな仕事ですか？

アニメやゲームなどの映像作品のために、声だけで演技をする仕事です。声優はほかにも、テレビ番組のナレーションや遊園地のアナウンス、ラジオのパーソナリティー、イベントへの出演などの仕事をすることもあります。

私の場合、アニメの仕事はオーディション※を受けることもありますが、ゲームの仕事の場合は、ゲーム制作会社から指名を受けることが多いです。キャラクターの声を担当することが決まったら、マネージャーから台本を受けとり、家で読みこみます。言葉のアクセントをスマートフォンのアプリで確認したり、キャラクターの性格などを想像しながら役づくりをしたりして、本番にのぞみます。

収録は録音専用のスタジオで行われます。収録中に音響監督から「もう少し元気よく」などのリクエストが入るので、それに応えながら、完成度を高めていきます。

ゲームの収録では、アニメの収録とはちがい、映像に声を合わせることはしません。自分が担当するセリフだけをひたすら録音していきます。ひとりの声優が担当するセリフの量がとても多いので、ほかの声優といっしょに収録することはありません。休憩をはさみながらひとりで何時間もしゃべり、数日かけて収録します。

規模の大きな作品になればなるほど、ゲームの開発には時間がかかります。そのなかで私たちが声を入れるのは最終段階です。企画者の意図をくみ、より魅力的なゲームにするため、あたえられたキャラクターに命を吹きこんでいます。

## 三上さんのある1日

| | |
|---|---|
| 10:00 | スタジオ入り。ゲームの収録開始 |
| 13:30 | 収録終了 |
| 14:30 | ランチ |
| 15:00 | 台本チェック |
| 16:00 | アニメの収録開始 |
| 20:00 | 収録終了 |
| 21:00 | 翌日のイベントの準備をして 仕事終わり |

三上さんが専門学校時代から愛用している声優用のテキスト。たくさんの書きこみがしてある。

## ゲーム音声が完成するまでの流れ

**❶ 台本を読み、収録の準備をする**
（三上さん担当）

声を担当する声優が、ゲーム制作会社が準備した台本をマネージャーから受けとって読みこむ。何度も読んでゲームの世界観と担当するキャラクターの役どころを理解する。ひとりの声優が何人もの役を担当することもある。

**❷ スタジオで、収録する音声を確認する（三上さん担当）**

収録当日、監督が声優に各シーンを説明する。声優も、キャラクターやセリフに関する疑問点を質問する。このようにして録音したい音声のイメージをすり合わせる。

**❸ 収録を行う**
（三上さん担当）

マイクに向かって台本にあるセリフをしゃべり、音声を録音する。監督のほかに、ゲーム内の音を演出・制作するサウンドディレクターや、理想的な音に仕上げるサウンドエンジニアも立ち会う。ゲームの仕事は担当するセリフの数が多く、収録に数日かかる。

**❹ サウンドエンジニアが音声を編集する**

収録された音声データを、サウンドエンジニアが編集する。音量の調節や雑音の処理をした上で、エコー効果などをつけることもある。完成した音声がゲーム制作会社に渡され、ゲームソフトに組みこまれる。

用語 ※ オーディション ⇒ 舞台や映像の作品に出演する歌手や俳優、声優を決めるために行われる、実技テストのこと。

# 仕事の魅力

## Q どんなところが やりがいなのですか？

　自分が担当したキャラクターが愛されていることを実感すると、うれしくなります。事務所に届くファンレターやSNSで「このキャラ大好き」「つらかったときに助けられた」などのコメントを見ることが、やりがいにつながっています。

　ゲームを楽しむ人が増え、なかでもRPGは凝った世界観を楽しめるので人気がありますね。ゲームの仕事は収録するセリフの数が多くて大変ですが、多くの人が長い時間をかけて楽しむゲームのキャラクターを演じることは、プレーヤーの人生の一部になれるようでやりがいを感じます。

## Q 仕事をする上で、大事に していることは何ですか？

　感謝の気持ちを忘れないことです。過去に仕事をしたり、食事をしたりした人から次の仕事を依頼されることがとても多いので、ひとつひとつの出会いと縁を大切にしています。デビューしたばかりのときに出演したイベントで、ある人にあいさつをしたのですが、その人が私のことを覚えていてくれて、仕事が決まったこともありました。

　実力はもちろんですが、この仕事で求められるのは人間性です。人気のある声優には、まわりから愛されている人が多い気がします。「この人といっしょに仕事をしたい」と思ってもらえることが何よりも大切だと思います。

マネージャーと、仕事のスケジュールについて打ち合わせをする三上さん。

## Q なぜこの仕事を 目指したのですか？

　小学生のときに観たアニメがきっかけです。アニメを観た後に本屋さんでそのアニメが紹介されている雑誌を見かけ、買って読みました。その記事で主人公の男の子役を女性が演じていることを知ったんです。私は当時、アニメの声は機械を使っていると思っていたので、おどろきました。

　私は小・中学校時代は目立たない子どもで、自分のことがあまり好きではありませんでした。そんな自分には、アニメの世界はかがやいて見えました。声優になればかわいい女の子にも、かっこいい男の子にも、動物にだってなれます。夢のある仕事だと思ったのが、声優を目指した理由です。

収録の前に、台本を読みこむ。「ひとつひとつの言葉の正しいアクセントをチェックします」

## Q 今までに どんな仕事をしましたか？

　学園アニメ『ゆるゆり』の赤座あかり役は初めての主演で、私の代表作です。テレビシリーズとして長く続いた作品だったので、イベント出演も多かったですね。ほかにはアニメ『進撃の巨人』のクリスタ・レンズ（ヒストリア・レイス）も長く演じた役になりました。

　アニメの仕事が多くの方に知られていますが、じつは声優としてのデビュー作はゲームです。『テイルズ オブ ザ ワールド レディアント マイソロジー2』の女性キャラクターを演じました。思うようにできず、監督から厳しく指導されたことを覚えています。数年後、その監督から「成長したな」と言ってもらえました。くやしくてもあきらめないで続けたら、悲しい記憶もいい思い出になっていくんだなと思いましたね。

収録のため、事務所を出発する三上さん。この日はゲームの収録だ。「新しい作品は毎回楽しみです」

## Q この仕事をするには、どんな力が必要ですか？

心の強さが必要です。声優の仕事の収入は不安定で、会社員のように毎月一定の給料をもらえるわけではありません。また、オーディションに一度落ちたからといって落ちこんでいたら、この仕事は続かないでしょう。心が弱ると体が弱り、声優の命であるのどにも影響が出てしまいます。

また、声優の仕事のはばは広がっており、トークや歌、ダンスを求められることがあります。「自分はこれしかやりたくない」と考えずに、新しいことを楽しむ気持ちが大事です。私は人前で話すことが苦手だったのですが、学生時代の仕事でラジオ番組に出演したときに、うまくできずに泣いて帰ったことがあります。その体験も糧になっていますね。

つらいことはたくさんありますが、それでも声優を続けられるのは、やっぱりこの仕事が好きだから。どんなに大変でも、熱意だけはもち続けたいです。

## Q 仕事をする上で、難しいと感じる部分はどこですか？

思い通りの演技をいつも一回目でできるとは限らず、帰り道で「どうして最初からできなかったんだろう」と反省することがあります。

また、監督からOKをもらえたものの、「もっとこうしたかった」と思うこともあります。そんなとき、責任者である監督の決定をくつがえして「もう一回やらせてください」と言うことはできません。監督も自分も納得できる演技をしたいのですが、なかなか難しいですね。

### PICKUP ITEM

専門学校時代から使っている『放送演技教本』は今でも読み返している。台本を読みこむときには3色ボールペンも必須。収録前のチェックには赤を使い、現場では青を使って監督からの指示を区別できるようにしている。三上さんは出身地である青森県青森市の観光大使もつとめており、観光ガイドブックも仕事道具。青森県に古くから伝わる“こぎん刺し”がほどこされている名刺入れを使っている。ほかに、風邪をひかないために手の消毒液も必需品だ。

- 声優のテキスト
- 3色ボールペン
- 青森市の観光ガイドブック
- 名刺入れ
- 消毒液

# 毎日の生活と将来

## Q 休みの日には何をしていますか？

はば広いジャンルのマンガを読んでいます。子どものころはあまり読みませんでしたが、声優になってから好きになりました。電子書籍の場合、発売日の0時に新刊が発売されるので、読んでから寝ることが多いです。ただ、「この作品、アニメ化しそうだな」と思うと少し複雑な気持ちになりますね。好きな作品に自分が関われないと悲しいからです。

夜は声優の仲間と出かけることが多いです。お酒を飲みながら、先輩に仕事を長く続ける秘訣などを聞いて楽しんでいます。

「東京・江戸川区の葛西市場の『開場40周年・青果と花きフェスタ』で、1日市場長を担当しました」

「青森市の観光大使として、ねぶた祭に参加しました。地元のお祭りに貢献できるのはうれしいですね」

## Q ふだんの生活で気をつけていることはありますか？

声と体を大事にしています。風邪をひかないように、食事や睡眠などに気を配ることは基本ですね。寝苦しい夏をのりきるために、さわると冷たく感じる接触冷感寝具を買いました。ほかにも、のどに悪影響が出ないエアコンの設定温度を試すなど、自分なりの快適さを追求しています。

食事面では、のどをたくさん使う仕事の前にラーメンをよく食べています。のどが温まり、うるおうので、ラーメンは声優の仕事によいと思っています。栄養バランスも考えて、乳酸菌のサプリメントもとっています。先日体調をくずしてしまいましたが、2日で復帰できました。やはり日ごろからの意識が大切ですね。

## 三上さんのある1週間

| | 月 | 火 | 水 | 木 | 金 | 土 | 日 |
|---|---|---|---|---|---|---|---|
| 05:00 | 睡眠 | 睡眠 | 睡眠 | 睡眠 | 睡眠 | | |
| 07:00 | | | | | | | 休み |
| 09:00 | | | | | | | |
| 11:00 | アニメの収録 | テレビ番組の収録 | ゲームの収録 | アニメの収録 | ゲームの収録 | | 市場の40周年記念イベントに参加 |
| 13:00 | | | | | | | |
| 15:00 | ランチ | | ランチ | ランチ | ランチ / 台本チェック | | |
| 17:00 | 台本チェック | | 勉強のための映画鑑賞 | | アニメの収録 | 休み | |
| 19:00 | 移動 | 移動 | | | | | |
| 21:00 | 飛行機で青森県へ向かう | 飛行機で青森県を出発 | インターネット番組の収録 | 友だちとご飯 | 日曜日のイベント準備 | | |
| 23:00 | | | | | | | 休み |
| 01:00 | 睡眠 | 睡眠 | 睡眠 | 睡眠 | 睡眠 | | |
| 03:00 | | | | | | | |
| 05:00 | | | | | | | |

ゲームとアニメの収録が日替わりで入る場合が多い。この週は火曜日に青森県でテレビ番組のロケを行った。日曜日にはイベントに出演した。

## Q 将来のために、今努力して いることはありますか？

　何にでも興味をもち、好きなことを増やすことです。「好き」と言い続けていたら仕事につながる可能性が高いからです。2024年は、私がずっと叶えたかった夢が次々と叶った年でした。出身地である青森県の青森ねぶた祭に声優として参加したこと、大好きな日本酒とのコラボレーション、6年近く遊んでいたゲーム『第五人格』への出演などです。新型コロナウイルスの感染拡大で外出できなかった期間にこのゲームをプレーして、とてもはげまされました。

　ほかにもたくさん好きなものを見つけたいので、今は自分と向き合っているところです。

事務所の床にある、事務所のロゴマーク。「この事務所には本当にお世話になってきました。よい仕事をして貢献したいです」

空き時間にスマートフォンでマンガを読む。「おもしろい作品がいくらでもあり、仕事への刺激にもなっています」

## Q これからどんな仕事をし、 どのように暮らしたいですか？

　あたえられた役をだれよりも愛し、妥協しないで仕事にいどみ続けたいです。私は、作品や私のことを応援してくれるファンのおかげで、自分のことを少しずつ好きになれました。また、青二プロダクションの人たちにも支えられて、今まで何とかやってこられました。だから、この事務所をやめるときは声優もやめると思います。

　20年後も事務所の人たちやマネージャーといっしょに、元気に仕事を続けていけたらいいなと思っています。

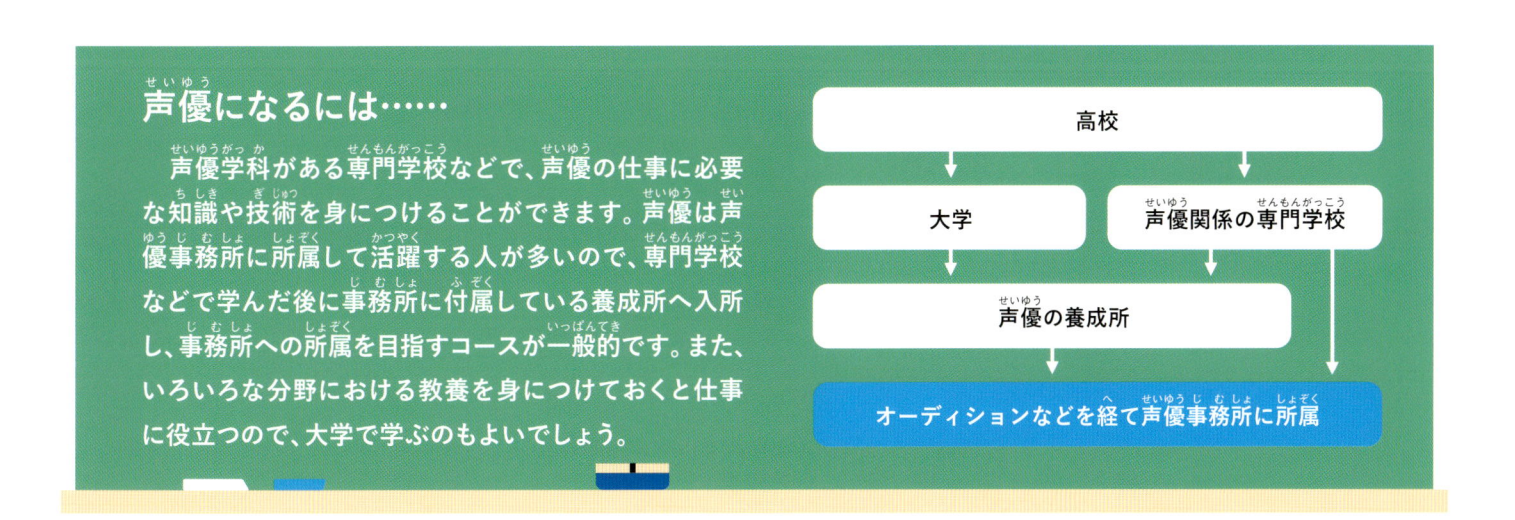

### 声優になるには……

　声優学科がある専門学校などで、声優の仕事に必要な知識や技術を身につけることができます。声優は声優事務所に所属して活躍する人が多いので、専門学校などで学んだ後に事務所に付属している養成所へ入所し、事務所への所属を目指すコースが一般的です。また、いろいろな分野における教養を身につけておくと仕事に役立つので、大学で学ぶのもよいでしょう。

高校
→ 大学
→ 声優関係の専門学校
→ 声優の養成所
→ オーディションなどを経て声優事務所に所属

# 子どものころ

## Q 小学生・中学生のとき、どんな子どもでしたか？

青森県の自然に囲まれた地域に生まれ、外でよく遊んでいました。小学校は同学年が8人しかいない環境でのびのびと過ごしたのですが、中学校に入ると急に90人に増えたんです。とまどう気持ちから、いろいろなことが苦手になり、内気になっていきました。アニメやインターネットの世界にのめりこんだのはこの影響が大きいです。

部活は、軟式テニス部に所属していました。強豪校だったので練習も厳しく、先輩も厳しい人が多かったです。かなり精神的にきたえられたので、社会に出てから上下関係に悩まされることはありませんでしたね。

子どものころからずっと声優になりたかったので、勉強は声優に必要とされる分野をがんばっていました。とくに国語で学んだ登場人物の気持ちを読み解いたり、全体の構成を把握したりする力は、今に活きていると感じます。

中学校を卒業するときに書いた「二十歳の自分への手紙」にも、声優に対する思いをつづっていました。その手紙には「もし声優になれなかったら」という逃げ道も用意してあったので、中学生にしては達観した子どもだったのかなと思います。

「雪遊びをする小学生の私です。雪の坂道を、ワニの装飾をしたそりですべって遊んでいました」

「小学生のときの家族旅行で撮った写真です。このころには将来の夢を描いてましたが、まだだれにも打ち明けていませんでした」

## 三上さんの夢ルート

### 小学校 ▶ 声優

祖母の家で観たテレビアニメ『セイバーマリオネットJ』がおもしろかった。番組が紹介されている雑誌を読んで声優の仕事にあこがれ、将来の仕事に決めた。

▼

### 中学校 ▶ 声優

学校で書いた「二十歳の自分への手紙」に声優への夢をつづっていた。夢を否定されるのがこわくて家族以外には言わず、心に秘めていた。

▼

### 高校 ▶ 声優

声優になるには、都会にある声優の専門学校へ進学する必要があったため、心配する家族に対して、毎晩、説得を続けた。卒業後、東京の専門学校へ通った。

「小学校入学前の私です」

## Q 子どものころにやっておけばよかったことはありますか？

音楽と英語です。声優に音楽は必要ないと思っていましたが、意外と歌う機会が多いのでしっかり基礎を身につけておけばよかったです。英語力に関しても、海外のイベントに参加したとき、「声を武器にしている仕事なのに、しゃべれない私は無力だ」と感じました。

反対に、方言が強みになることは声優になって初めて知りました。上京したときは津軽弁を直そうと思っていましたが、津軽弁を話す役に抜擢されたり、方言指導をしたりする機会に恵まれています。だから、地方出身で声優になりたい人も無理して方言を直す必要はないと思います。

## Q 中学のときの職場体験は、どこへ行きましたか？

高校2年生のときに職場体験に行きました。中学では機会がなかったように記憶しています。

私の場合、将来の夢は声優一筋でしたが、高校を卒業するまで家族以外のだれにも言ったことがなく、声優の職場体験ができるような場所もありませんでした。そこで、同級生何名かと保育園に行きました。子どもが好きだったので、声優以外に選択肢があるとしたら保育士かなと思っていたからです。

## Q 職場体験ではどんな印象をもちましたか？

子どもは元気いっぱいなので、体力を使う仕事だなと思いました。いっしょに遊んだ後に寝かしつけをしているうちに、私もいつの間にかジャージによだれがつくほど爆睡していました。子どもといっしょに寝られて、気持ちよかったのを覚えています。先生は優しく「いっぱい遊んでくれたもんね」と言ってくれて、聖母のような人たちだなと感じました。

子どもは無邪気で、ときには危険な行動もします。優しさだけでなく、臨機応変さや広い視野も求められる仕事だと思いました。

## Q この仕事を目指すなら、今、何をすればいいですか？

遊びも勉強も、今しかできないことを全力で楽しんでほしいと思います。友だちとの楽しい思い出、けんかしたこと、悲しいことやコンプレックスも、体験したことのすべてが気持ちのこもった演技につながります。また、例えば科学者の役を演じるとき、理科で習う用語の意味を理解しているかどうかは、すぐに監督にさとられてしまいます。反対に、歴史にくわしい人なら歴史物の作品に出られる可能性も上がります。だから勉強も大事です。

声優になりたい人は増え、年々競争が激しくなっていますが、あせる必要はありませんよ。

いただいた役をだれよりも愛することで自分ならではのキャラクターを生み出したいです

## － 今できること －

ふだんの暮らし

アニメやゲームに限らず、本や音楽、ダンス、演劇、古典芸能などさまざまな芸術作品にふれましょう。機会があれば演劇の体験教室やワークショップに参加して知識を得ると、演技の表現のはばが広がります。

また、学校の演劇部や地域の演劇クラブがあれば参加してみましょう。演技の楽しさを知ることは、声優の仕事の土台になります。放送部に所属してよい発声方法を学び、全国中学校放送コンテストへの出場を目指すこともおすすめです。

国語
物語を読むときは、登場人物の言動の意味を考え、内容を深く理解しながら読みましょう。朗読では、読む速度や音量、言葉の調子や間のとり方を学びましょう。

音楽
歌唱や楽器演奏の披露を求められることもあります。表現の授業では、曲にふさわしい歌や演奏の表現を工夫し、表現の楽しさを味わいましょう。

体育
安定した発声をし続けるために、腹式呼吸※が行える体力が欠かせません。しっかりと体を動かし、健康でじょうぶな体づくりをしましょう。

英語
海外のイベントに出る機会があるかもしれません。まずは正しいアクセントから英語の発音を習得しましょう。

用語 ※腹式呼吸 ⇒肺の下にある横隔膜を使って肺の深いところまで空気を入れる呼吸法。

# ボードゲーム編集者

## Board Game Editor

アークライト
橋本淳志（はしもとあつし）さん
入社15年目 39歳（さい）

ボードゲームの
楽しさ、おもしろさを
多くの人に知って
もらいたいです

カードやボード、駒（こま）や牌（はい）などのアイテムを使って遊ぶアナログゲームを「ボードゲーム」とよびます。定番の作品だけでなく、新たなボードゲームも次々に発売されています。ボードゲームを制作（せいさく）している、橋本淳志（はしもとあつし）さんにお話を聞きました。

用語 ※ 同人ゲーム ⇒ 個人（こじん）やゲームが好きな仲間どうしなどの、アマチュアが制作（せいさく）したゲームのこと。

# Q ボードゲーム編集者とはどんな仕事ですか？

「こんなゲームがあったらおもしろいだろうな」というアイデアをボードゲームとして企画し、商品にする仕事です。

ぼくは、昔からある遊びをヒントに自分で企画を立てたり、年に2～3回自社で開催している「ゲームマーケット」に出品された作品を商品化したりしています。ゲームマーケットには1000以上のブースが出展しており、そのなかには同人ゲーム※もあります。ここからおもしろいゲームを見つけるのも、編集者の腕の見せどころです。ちなみに、ボードゲームを制作する会社はボードゲーム出版社、ゲームそのものの開発者は「ゲームデザイナー」とよばれています。

ぼくが制作を担当したボードゲーム『タイガー＆ドラゴン』は、石川県・能登半島地方の漁師に親しまれている「ごいた」※がヒントになりました。「ごいた」は必ず4人で遊ぶゲームだったので、もっと柔軟に遊べるよう、プレー人数にはばをもたせた新しいゲームとして企画しました。企画書には、楽しんでもらう年齢層と新たな世界観を盛りこみました。

社内の会議で企画の商品化が決まると、開発に入ります。まず、社内のゲームデザイナーと協力して、ゲームのルールを決めます。試作品をつくり、実際にプレーをして確認し、何度も修正しながら完成させました。

開発と同時に、カードやボード、駒などの道具、パッケージのデザインも考えます。イメージをグラフィックデザイナーに伝え、デザインしてもらいます。ぼくはこのようにして、1年間に2タイトルほどのボードゲームを制作しています。

## 橋本さんのある1日

|  |  |
|---|---|
| 10:00 | 出社。SNS・メールのチェックと返信 |
| 11:00 | 部署内の朝礼で1日の仕事を確認 |
| 11:30 | 作成中のゲームのルールブック（説明書）を執筆 |
| 13:00 | ランチ |
| 14:00 | 同人ゲームの作者との打ち合わせ |
| 16:00 | イラストレーターとの打ち合わせ |
| 17:30 | スケジュールの確認 |
| 19:00 | 退社 |

橋本さんが担当した『タイガー＆ドラゴン』。手持ちの牌を出していき、最初に牌がなくなった人が点数を獲得する。

## 『タイガー＆ドラゴン』制作の流れ

### ❶ 企画を立てる

能登半島の郷土ゲーム「ごいた」には、4人そろわないと遊べないなどの難点があると橋本さんは感じていた。会社のみんなに遊んでもらって欠点をなくすための助言をもらいながら、企画をまとめた。プレーヤーがゲームの世界に入りやすいよう、中国式武術のカンフーを主題にした。

### ❷ 開発する

ゲームデザイナーと協力して、カードの種類や勝利点など、ゲームのルールを検討する。もっとも楽しく遊んでもらえるルールにたどりつくまで、修正をくりかえす。同時に、ルールブックの構成も考える。

### ❸ 見た目の部分のデザインをする

ゲームのデザインをデザイン会社やグラフィックデザイナーに発注する。このゲームは、虎と竜がカンフー対決をし、たがいに技をくり出すイメージにした。

### ❹ 印刷所へ入稿し、生産する

ボードやカード類、箱やルールブックを大量生産するためのデータを完成させて、印刷所へデータを渡す。『タイガー＆ドラゴン』は、よく仕事をしてもらっている中国の印刷所に依頼して生産した。

用語 ※ ごいた ⇒ 明治時代に石川県の能登町で開発されたボードゲーム。竹でできた駒を使って、ふたりひと組で相手方と得点を競い合う。

# 仕事の魅力

社内で新しいゲームのテストプレーをしているところ。「4人で物語をつくっていく協力ゲームです」

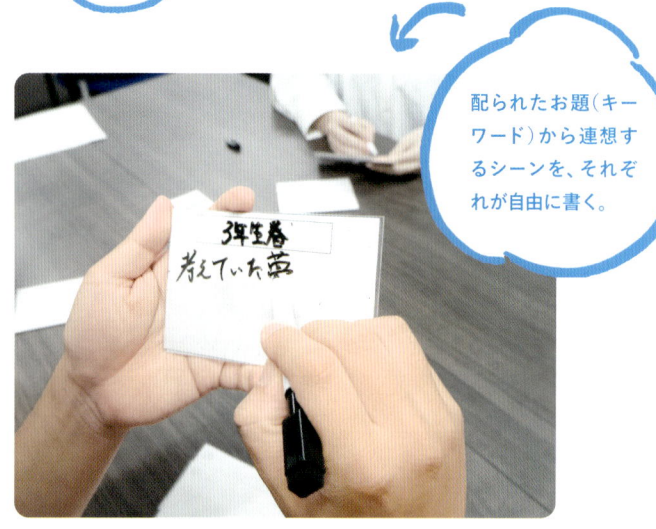

配られたお題（キーワード）から連想するシーンを、それぞれが自由に書く。

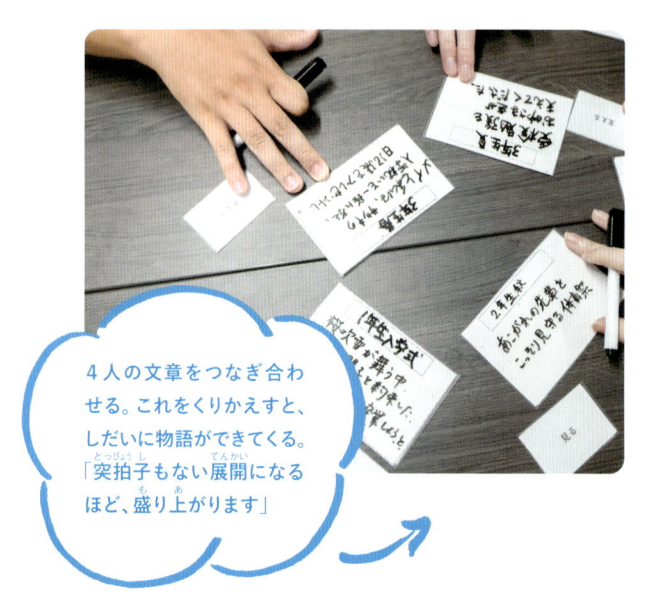

4人の文章をつなぎ合わせる。これをくりかえすと、しだいに物語ができてくる。「突拍子もない展開になるほど、盛り上がります」

## Q どんなところがやりがいなのですか？

SNSでの高評価や、自分がつくったボードゲームで遊んでいる人を見たときに感じるうれしさと満足感が、やりがいになっています。自分の仕事が認められ、人々を笑顔にできたと実感できるからです。

ゲームマーケットのアークライトのブースでは、来場者が試しに新作ゲームで遊ぶことができるんです。遊んでいる人の反応を、ドキドキしながら見守っています。

## Q 仕事をする上で、大事にしていることは何ですか？

「なぜおもしろいか」を言葉で説明できるところまで考えぬくことと、人に対して誠実であることを大事にしています。

「おもしろい」には、競争のおもしろさや推理のおもしろさ、純粋な笑いのおもしろさなど、さまざまあります。だからこそ、つくるボードゲームに自分はどんな「おもしろい」をつめこみたいのかを把握し、いっしょにつくる仲間にも理解してもらえるように言語化することが大切です。

また、関わってもらう人へ自分の意図を丁寧に伝え、自分にできる限りのことをして誠意をつくすことを大事にしています。入社したてのころ「これくらいでいいか」とほんの少し手をぬいたら、まわりの人にすぐに見抜かれました。それ以来、気をつけています。

## Q なぜこの仕事を目指したのですか？

大学時代に、中学のときからよく行っていたトレーディングカード※のお店で知り合った人に「カードゲームのテストプレーをしないか」とさそわれたのがきっかけです。発売前のカードゲームをプレーして、問題がないかをチェックするアルバイトのさそいでした。興味をもったぼくは、すぐに引き受けました。じつはこのときさそってくれたのが、今働いている会社の人でした。

テストプレーに関わるうちに、ゲーム制作を将来の仕事にしたいと考えるようになりました。自分が好きなことで人にも喜んでもらえるのがうれしかったからです。

**用語** ※トレーディングカード ⇒集めたり、交換（トレード）したりすることを目的につくられたカードのこと。略して「トレカ」ともよばれる。このカードを使って対戦するゲームが「トレーディングカードゲーム」。

パソコンで箱のデザインをチェックしているところ。「遊んでほしい人たちの心に刺さるようなパッケージを考えています」

## Q この仕事をするには、どんな力が必要ですか？

人とのコミュニケーションを楽しめる力が必要だと思います。そもそもボードゲームは、「いっしょに遊ぼう」と仲間をさそうところから始まる、人との交流を前提にした遊びです。対戦中も、目の前にいる相手がどんな一手をとるか表情を見て予想したり、戦略を考えたりするところに楽しさがあります。

実際、ぼくをふくめてアークライトの社員はみんな、終業後や休日も仲間をさそって遊ぶくらい、ボードゲームをはじめとしたアナログゲームが大好きです。

## Q 今までにどんな仕事をしましたか？

入社後はトレーディングカードゲームの開発の仕事を行い、その後、現在のボードゲーム制作部へ異動しました。

ボードゲーム編集者として初めて担当した商品『リトルタウンビルダーズ』が印象に残っています。自分の駒を使って資源を集めながら、プレーヤー全員で街を発展させていく過程が新鮮で、ゲームマーケットに出品されているのを初めて見たときに、衝撃を受けたんです。そこで、そのゲームをつくったゲームデザイナーのStudioGGさんに声をかけ、商品化する契約をまとめました。

完成して発売された後に、お客さんが楽しそうに遊んでいるところを見て感動したのを今でも覚えています。

## Q 仕事をする上で、難しいと感じる部分はどこですか？

単におもしろいだけではなく、多くの人に認めてもらえるヒット商品をつくらなければならないというところです。

例えば『リトルタウンビルダーズ』は、最初はボードゲーム好きの上級者が好むようなすっきりとした外見でした。しかしぼくには、初心者にも楽しんでもらえるという確信があったため、だれでも手にしやすい楽しげなイラストを使ったデザインに変えました。

おかげさまで『リトルタウンビルダーズ』は好評を得ましたが、ときにはねらい通りにいかないこともあります。そんなときはつらくなりますが、くやしさをばねに次の商品にのぞむことでのりこえるようにしています。

ルールブックの構成を書くノート

おやつとランチのおとも

## PICKUP ITEM

新ゲームのアイデアやルールをノートに書く。上の写真は、ヒット商品『六華』のルールブックの構成を記したもの。完成形を明確にイメージして、緻密に書かれている。インスタントコーヒーとカロリーメイト、はちみつは、脳の疲労回復に欠かせない。

# 毎日の生活と将来

## Q 休みの日には何をしていますか？

　午前中は健康のために「フィールサイクル」に行って汗を流しています。自転車型のフィットネスマシンを、大音量で流れる音楽とフラッシュライトのなかでこぎまくるエクササイズです。ストレス発散にもなって頭がすっきりします。

　午後からは、リアル謎解きゲームやリアル脱出ゲームなどの参加型のゲームをしに出かけたり、家でパソコンゲームを楽しんだりしています。じつはビデオゲームも好きで、友だちとときどき遊んでいます。

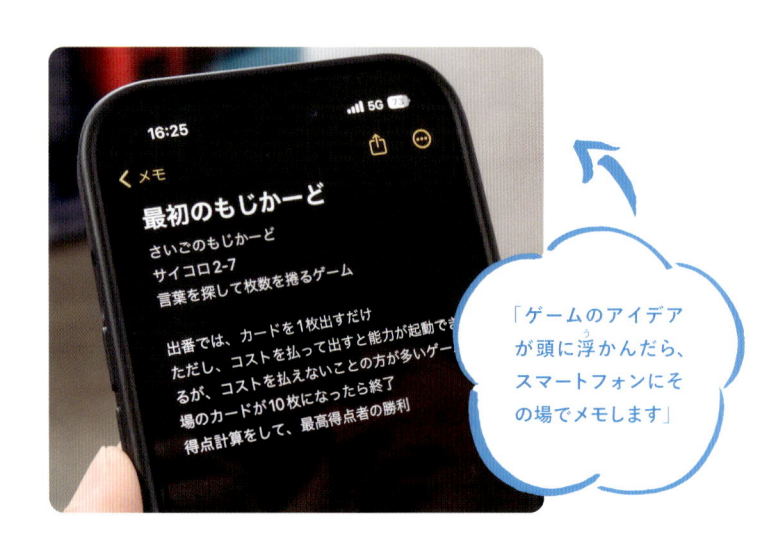

「ゲームのアイデアが頭に浮かんだら、スマートフォンにその場でメモします」

「フィールサイクルだけでなく、近所を散歩して適度に体を動かします。この日は友人といっしょにリアル脱出ゲームに行きました」

## Q ふだんの生活で気をつけていることはありますか？

　ボードゲームのアイデアは突然思いつくことが多いので、ひらめいたらすぐにメモすることを習慣にしています。後まわしにしてしまうと思い出せないことがあるからです。

　ぼくがよく思いつくのは、シャワーを浴びているときと寝る前です。ひらめいたときに、浴室を出てすぐに書きとめに行き、次の日に会社で興奮しながらテストプレーをしたこともあります。

　以前は手帳に書いていましたが、最近はスマートフォンにメモしています。断片的な言葉や数字をメモするだけなので、人が見ても意味がわからないと思いますよ。

| | 月 | 火 | 水 | 木 | 金 | 土 | 日 |
|---|---|---|---|---|---|---|---|
| 05:00 | | | | | | | |
| 07:00 | 睡眠 | 睡眠 | 睡眠 | 睡眠 | 睡眠 | | |
| 09:00 | 朝食・移動 ジムで運動 | 朝食・移動 | 朝食・移動 ジムで運動 | 朝食・移動 ジムで運動 | 朝食・移動 | | |
| 11:00 | 出社・SNSなど確認 部署内会議 | 出社・SNSなど確認 他部署と会議 | 出社・SNSなど確認 ほかの編集者の入稿データ確認 | 出社・SNSなど確認 ほかの編集者の入稿データ確認 | 出社・SNSなど確認 イベントの準備 | | |
| 13:00 | 昼食 | 昼食 | 昼食 | 昼食 | 昼食 | | |
| 15:00 | 作者と打ち合わせ 他部署と打ち合わせ 新作の見積書作成 メール作業 | ゲームのテストプレー | 完成品の検品 メール作業 ルールブックの執筆 | 新作ゲームの候補リスト作成 デザイナーと打ち合わせ | メール作業 イベントの打ち合わせ イベントの準備 | 休み | 休み |
| 17:00 | | | | | | | |
| 19:00 | 退社 | 退社 | | 退社 | 退社 | | |
| 21:00 | 脱出ゲームに参加 | 夕食 エンタメの情報をチェック | 退社 | 新作ボードゲームをプレー | 移動・夕食 ボードゲーム会に参加 | | |
| 23:00 | 友人と夕食 | | 夕食 | 夕食 | | | |
| 01:00 | | | | | | | |
| 03:00 | 睡眠 | 睡眠 | 睡眠 | 睡眠 | 睡眠 | | |
| 05:00 | | | | | | | |

## 橋本さんのある1週間

　毎朝決まった時間に出社している。ジムで運動してから出勤することもある。この週は、金曜日に次週のボードゲームイベントの準備をした。

## Q 将来のために、今努力していることはありますか？

興味をもったイベントにはひとりでも行ってみるなど、積極的に行動して人脈を広げるようにしています。人脈が広がっていくと、思いもよらない人に出会えたり、新しい世界が開けたりするからです。

以前、友だちに『人狼ゲーム』※にさそわれて行ってみたら、そこにメディアで働いている人がいたんです。ゲームで盛り上がるうちに、ぼくの関わったゲームを番組で取り上げてくれるという話になりました。このような展開が生まれたのも、「外に出る」という行動を起こした結果だと思います。

会社の入り口に、アークライトから出版されたボードゲームが飾ってある。「長く愛されるゲームをつくっていきたいです」

「社内では、さそい合ってすぐにゲームが始まります。社外にも、ボードゲームができる仲間を増やしたいですね」

## Q これからどんな仕事をし、どのように暮らしたいですか？

ボードゲームを文化として日本に根づかせるためにも、世界に誇れる名作をたくさんつくっていきたいです。

ドイツやアメリカ、フランスなどでは、家で友だちや家族といっしょにボードゲームを楽しむ機会が日常的にあります。そんな光景が日本でも当たり前に見られるようになるのが理想の未来です。そして、中心にあるのがぼくが関わったボードゲームだったら、こんなにうれしいことはありません。これからも新作を生み続け、いずれは権威あるドイツの年間ゲーム大賞をとるのが大きな目標です。

### ボードゲーム編集者になるには……

紙と鉛筆があれば新しいゲームを考案できますが、シンプルであればあるほど、センスと能力が求められる仕事です。自作ゲームの実績が武器になることもあるので、自分がつくったゲームは保管しておきましょう。また、ゲーム関係の専門学校のなかにはアナログゲーム開発の授業があるところもあります。専門学校でボードゲームのつくり方を勉強するのも一案です。

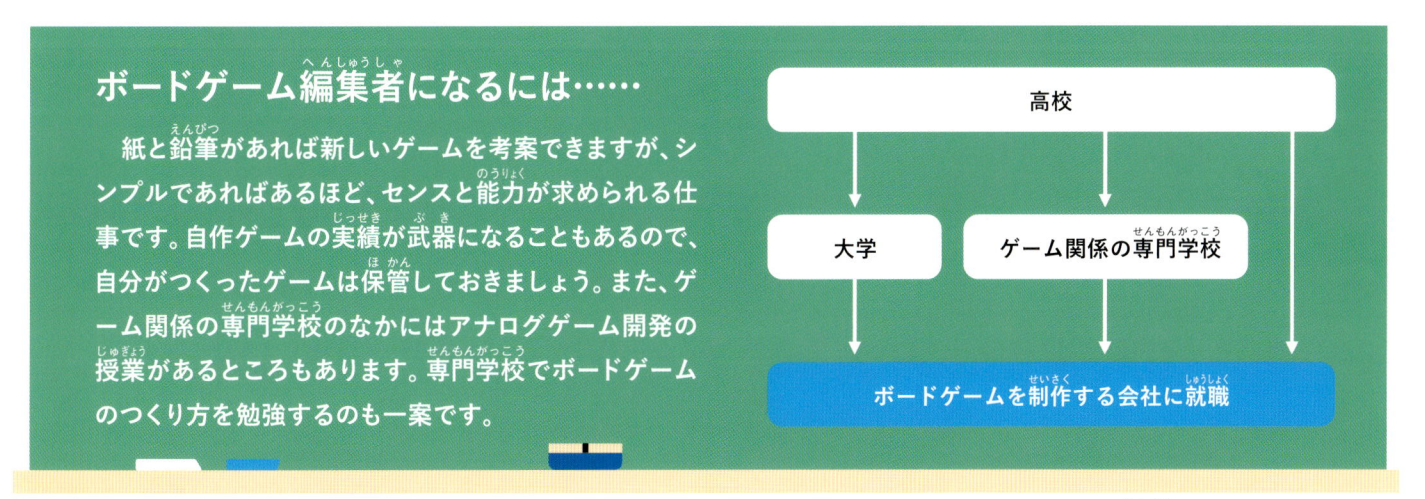

```
        高校
         │
    ┌────┴────┐
    ↓         ↓
   大学   ゲーム関係の専門学校
    │         │
    └────┬────┘
         ↓
ボードゲームを制作する会社に就職
```

用語 ※ 人狼ゲーム ⇒ 会話と推理を中心にしたパーティーゲーム。プレーヤーそれぞれが村人と、村人に化けた人狼になり、相手の正体を探り合う。

# 子どものころ

## Q 小学生・中学生のとき、どんな子どもでしたか？

　小学生のころのぼくは、3月生まれということもあって同級生に比べて体が小さく、スポーツでは負けてばかりいました。そのかわり、体の大きさが関係ないカードゲームではだれにも負けず、勉強と両立しながら楽しんでいました。

　中学生になると、トレーディングカードゲームに夢中になりました。勉強はそっちのけで遊んでばかりいたため、ついには通っていた私立の中学校をやめざるを得なくなり、公立の中学校へ転校する事態にまでなってしまいました。中学2年生の冬のことです。両親には本当に迷惑をかけてしまいましたが、当時のぼくにとっては、それくらい勉強よりゲームの方が大事だったんです。

　転校してからも、トレーディングカードへの熱は冷めませんでした。それどころか家から自転車で10分くらいの所にあったカードショップにも通うようになり、ますますハマっていきました。ちなみに、大学生になってテストプレーのアルバイトにさそってくれたのも、その店の先輩プレーヤーでした。

　中学時代は勉強に熱心ではありませんでしたが、数学や、理科の物理・化学の分野のように、計算して解く科目は得意でした。とくに数学では、教科書にのっている以外の解き方がないかを、ゲームのような感覚で考えることをよくしていましたね。

8歳のときの橋本さん。「屋外での遊びは、釣りが好きでしたね」

「14歳の冬の写真です。ちょうど通っていた私立中学から公立中学校へ転校したころだと思います」

## 橋本さんの夢ルート

> **小学校 ▶ 学校の先生**
>
> 勉強以外にとりえがなく、先生になろうと思った。

▼

> **中学・高校 ▶ 理科の先生**
>
> 化学と物理の分野が好きだったので、理科の先生になろうと考えた。大好きなゲームに関する仕事がこの世にあることを知らなかった。

▼

> **大学 ▶ アナログゲームのクリエイター**
>
> 通っていたカードショップで、ゲームのテストプレーをするアルバイトを紹介された。それをきっかけにトレーディングカードゲームやボードゲームの制作にたずさわる仕事を知り、自分の仕事にしたいと考えた。

中学の卒業アルバムにのっている橋本さん。「転校先の学校でも楽しく過ごせました」

## Q 子どものころにやっておけばよかったことはありますか？

　ボードゲームの印刷工場や出版社には海外の会社が多く、英語を使う機会がたくさんあります。ぼくは学生時代から英語がいちばん苦手で、今でも苦手意識があり、とても苦労しています。

　読み書きは翻訳アプリなどを使えばなんとかなるのですが、問題は会話です。オンライン会議があったときなどは、終了後に録画を何度も見返して、内容を理解しようと必死に取り組みます。そのたびに、もっと英会話の勉強をしておくべきだったなと思います。

## Q 中学のときの職場体験は、どこへ行きましたか？

ぼくの通っていた学校には、将来の仕事について考えるような授業がなく、職場体験もありませんでした。そのため、会社ではどんなことが行われているのか、世の中にどんな仕事があるのかなど、ほとんどわかっていませんでした。身近な職業といえば、母の仕事である助産師と、父の仕事である弁護士、そして学校の先生くらいだったと思います。

今は中学時代にさまざまな職業を知る授業があると知り、すばらしいことだなと思います。

## Q 身近にある職業にどんな印象をもっていましたか？

助産師は女性にしか受験資格がないと知っていたので、なりたいと考えたこともありませんでした。一方、弁護士は、父の仕事ぶりを見て絶対になりたくないと思っていました。というのも、父は家でもずっと勉強していて、とにかく大変そうに見えたからです。

知っている職業のなかで唯一、やってみたいなと思っていたのは教師の仕事です。友だちにゲームの攻略法を教えるのはきらいではなかったので、自分には合っているんじゃないかなと勝手に想像していました。

## Q この仕事を目指すなら、今、何をすればいいですか？

ボードゲームに限らず、自分の力で何かひとつゲームをつくってみるとよいと思います。ゼロからつくるのは難しいですが、すでにあるゲームに変更を加えるかたちで、新しい遊び方をつくり出してみると案外うまくいくものです。

ある程度遊び方が決まったら、友だちにもそのゲームで遊んでもらうことが大事です。評判が悪ければ改良し、よければ、「ゲームマーケット」のように大勢のゲーム好きが集まるイベントに出してみてもよいかもしれません。

ここまでの経験があれば、ボードゲーム編集者やクリエイターになってからも圧倒的な強みとして活かせるはずです。

みんなが夢中になるゲームをたくさんつくって、ボードゲームの人気を高めていきたいです

---

# － 今できること －

**ふだんの暮らし**

ボードゲームの開発は、おもしろい遊びを考えることです。そのために、はば広くさまざまな分野を学ぶと仕事の役に立つでしょう。また、優れたゲームは優れたデザインであることも多いので、デザインについて学べる大学や専門学校に進学することも一案です。

また、各地で開催されているボードゲームのイベントではたくさんの同人ゲームが披露されているので、機会があれば行ってみましょう。それらを参考にして自分でゲームをつくり、友だちとやってみるのもおすすめです。

**国語** 自分が感じる「おもしろさ」を言語化して人に伝えるためには、論理的に書く力が必要です。作文を書くときは、人を納得させられる文章を意識しましょう。

**社会** 地理や歴史、公民など、すべての分野の基礎知識を得ましょう。それらがゲームのアイデアのもとになります。

**美術** プレーヤーがゲームに入りこみやすいように、ゲームの世界観を視覚的に表現する必要があります。シンボルマークを作成する授業があれば、コツを学びましょう。

**英語** 海外の会社と交渉をする際に、英会話が必須です。ヒアリングとスピーキングの苦手意識をなくしましょう。

# リアル謎解きゲームの企画営業

## Sales Planner of Real Mystery Solving Games

ハレガケ
**片岡千知さん**
入社5年目 29歳

> 物語のなかの主人公として、謎を解くスリルを味わってもらいます

街中やレジャー施設で、参加者が謎を解きながら進む、体験型のリアル謎解きゲームが人気です。企業や自治体の依頼を受けてゲームを企画し、参加者を楽しませる仕事をしている片岡千知さんに、お仕事についてお話を聞きました。

# Q リアル謎解きゲームの企画営業とはどんな仕事ですか？

リアル謎解きゲームは、参加者が主人公となり、会場にしかけられた謎を解いていく体験型のイベントです。企業のレクリエーションやショッピングモールの集客・宣伝、住民どうしの交流などのために企画されています。

ハレガケは、お客さまにイベントを提供したいと考える企業や自治体から依頼を受けて、オリジナルのイベントを企画する会社です。「お客さまを増やしたい」などの目的達成や課題解決のために、謎解きが役立つ場面が増えているのです。私の仕事は、そうした企業や自治体の担当者とやりとりをして、依頼主も、参加したお客さまも満足できるイベントを完成させることです。

最初に行うのは、依頼に応じてリアル謎解きゲームの企画を立てることです。例えば「親子の絆を深めたい」と自治体から依頼されたら、親子で楽しめそうな謎解きの物語の設定を考え、親しんでもらえそうなキャラクターをイメージして企画に組みこみます。実際に現地へ出かけて調査をし、特産物や歴史に関するキーワードを企画に入れることも多いです。依頼主に企画を気に入ってもらい、契約につなげるのが企画営業の仕事です。

制作が決まったら、制作ディレクターと協力してゲームをつくります。私はゲームの実施に向けて調整役となり、スケジュールと予算の管理、広報物の制作管理も行います。参加者がゲームを楽しめて、「親子の絆が深まった」など、依頼主の課題の解決に貢献できたら、イベントは成功です。

## 片岡さんのある1日

|  |  |
|---|---|
| 10：30 | 在宅で仕事開始。メールチェックなど |
| 11：00 | 見積書など、営業資料の作成 |
| 12：00 | ランチ |
| 13：00 | 社内のオンラインミーティング |
| 15：00 | 依頼主とオンラインミーティング |
| 17：00 | 進行中の案件の進捗について各担当者に確認、依頼主への電話連絡など |
| 18：00 | 企画書の作成 |
| 19：30 | メールチェックをして仕事終了 |

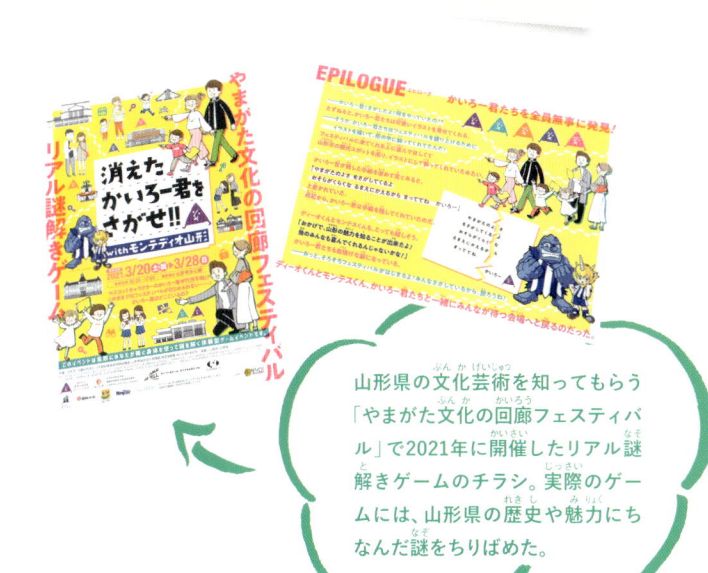

山形県の文化芸術を知ってもらう「やまがた文化の回廊フェスティバル」で2021年に開催したリアル謎解きゲームのチラシ。実際のゲームには、山形県の歴史や魅力にちなんだ謎をちりばめた。

## リアル謎解きゲームプロジェクトの流れ

**❶ 企画書を書く**

依頼主にイベントで行いたいことを聞き、「城下町」「鉄道の歴史」など、開催場所ならではのキーワードを企画の種にして企画書を書く。企画競争入札の自治体の場合は、条件に沿った企画提案書を書く。

**❷ 広報用のイメージをつくる**

企画が通ったら、ポスターやチラシのイメージをデザイナーに伝えるための資料をつくる。イラストや写真を組み合わせると伝わりやすい。片岡さんの案に従って、社外のデザイナーが作成することが多い。

**❸ リアル謎解きゲームをつくる**

片岡さんの企画に沿って、謎制作担当が謎をつくり、シナリオ担当がゲームのシナリオを書く。イベント制作全体をまとめる制作ディレクターと片岡さんで制作内容を相談しながら、依頼主にも内容を伝える。

**❹ WEBサイトやSNSで広報する**

イベントの内容が決まったらWEBサイトやSNSで実施の告知をし、チラシを配る。告知の仕方や文言は社内の広報担当と相談する。参加者が謎を解きながら進むための会場の準備を、運営担当が行う。

**❺ イベントを実施する**

イベント初日には片岡さんが立ち会う場合もある。参加者は手がかりを探して歩きまわり、知恵をしぼって謎を解くことで達成感を味わえる。実施期間は、2か月から半年間くらいのものが多い。

# 仕事の魅力

## Q どんなところが やりがいなのですか？

何もないところからみんなでつくり上げたリアル謎解きゲームがかたちになって、見知らぬ人を楽しませることができるところです。同時に、依頼主のかかえる課題の解決に貢献できるので、たくさんの人に幸せを届けられる仕事としてやりがいを感じます。

参加者から「楽しかった」「ありがとう」などのコメントをもらえると、これまでの苦労がふきとびます。「やってよかった」と思えますし、喜んでもらえることがうれしいです。

企画を考える片岡さん。連想ゲームのように、思いついた言葉や絵を書き連ねていく。

「宝箱の鍵を手に入れるためのしかけを考えているところです」

## Q 仕事をする上で、大事に していることは何ですか？

だれもが楽しんで働ける環境をつくることを大事にしています。ゲーム制作に関わる人が多ければ多いほど、楽しい環境づくりが大切になります。楽しい企画は、楽しめる環境から生まれやすいと思うので、まずは自分が楽しむようにしています。さらに、依頼主や社外のデザイナー、印刷会社、社内のチームメンバーなどが前向きに仕事に取り組めるように、積極的なコミュニケーションを心がけています。

## Q なぜこの仕事を 目指したのですか？

通っていた高等専門学校（高専）の文化祭で、謎解きゲームの企画を見よう見まねでやってみたことがきっかけです。自分がつくったゲームで楽しんでもらえたことがうれしくて、将来はイベント関係の業界で働きたいと思いました。

ただ、高専ではプログラミングの勉強をしていたため、卒業後はシステムエンジニアとして働くことになりました。けれども、会社でパソコンと向き合う日々を過ごすうちに、やはりイベントの仕事をしたいという学生時代の思いがわき上がってきたんです。

覚悟を決めてイベント業界に転職しましたが、新型コロナウイルス感染症の流行ですべての企画が中止になり、行き詰まってしまいました。改めて自分が本当にやりたいことは何だろうと考え、ふと浮かんだのが学生時代に楽しんだ「謎解き」でした。そこで、この会社への入社を決めました。

リアル謎解きゲームを行う現地へ出かけて下調べをする。「橋の欄干に、おもしろいオブジェを見つけました。謎にできるかもしれません」

## Q 今までに どんな仕事をしましたか?

リアルの謎解きゲームをいくつも企画しました。とくに、自分の出身地である熊本県の地域活性化をねらったふたつのイベントが、強く印象に残っています。

ひとつは県のイメージキャラクター・くまモンが登場するリアル謎解きゲームです。熊本の阿蘇地方の観光地をドライブでめぐり、謎を解きながら現地の魅力が楽しめるイベントです。旅行代理店からの依頼を受けて企画し、制作、実施まで担当しました。

もうひとつは、熊本県上益城郡の御船町が舞台の謎解きゲームです。自治体の公募の場合は企画を通すのはなかなか難しいのですが、現地で企画提案をするなど力を入れた結果、契約がとれてうれしかったです。これらの企画の成功で、故郷の熊本へ恩返しができたような気がしました。

「新しいゲームができあがったので、WEB担当、広報担当といっしょに効果的な集客方法について考えています」

## Q 仕事をする上で、難しいと 感じる部分はどこですか?

依頼主のかかえる課題を解決することと、参加者を楽しませることの両方を実現する企画を立てることが難しいです。例えば、企業の場合は「自社の商品やサービスを知ってほしい」、自治体の場合は「地元の偉人を知ってほしい」などの要望があります。これらを達成し、さらに参加者に心から楽しんでもらう企画にするにはどうすればよいか、悩みます。

開催場所にぴったりのアイデアを生み出すのは、大変な作業です。期限ぎりぎりまで、その場所ならではの企画の種を探します。何も思いつかないときは、会社の仲間に意見を聞くとおもしろいアイデアが出てくることがあります。

## Q この仕事をするには、 どんな力が必要ですか?

相手の立場になって考える力、想像力が必要です。

学生時代に開催した謎解きゲームでは、リハーサルと本番とでは感触がまったくちがうことにおどろきました。参加者の生の反応を見て、初めてわかることがたくさんあったんです。自分が経験していないことには、想像すらできないことがあるのだと知りました。

この会社ではたくさんのリアル謎解きゲームの企画や制作にたずさわってきましたが、その経験こそが想像力をふくらませるための勉強になっていると思います。

● 会社のパンフレット ●

● イベント場所別の 提案チラシ ●

● ノートパソコン ●

### PICKUP ITEM

会社のパンフレットは、営業に欠かせない。テーマパーク向け、商業施設向けなどのチラシも用意している。リアル謎解きゲームを検討するお客さまに、チラシとともに表紙に謎解きがのっているパンフレットも渡して、まずは謎を解く楽しさを知ってもらう。企画書をつくるにもお客さまとの連絡にも、ノートパソコンが必須だ。

# 毎日の生活と将来

## Q 休みの日には何をしていますか？

　高専時代の友だちとボードゲームをしたり、映画やアニメを観たりして過ごします。おしゃべりするのが好きなので、オンラインでつながっておしゃべりしながらゲームをすると、ストレス発散にもなって楽しいです。

　東京の新宿や池袋などのボードゲームカフェにもよく出かけます。レンタルスペースを借りてボードゲームをする会を開くこともあります。高専時代の友だちとは長いつきあいをしていて、定期的に遊んでいます。

「『ドブル』という名前のカードゲームをしています。観察力と反射神経が試される、楽しいゲームです」

「今、ハマっているボードゲームです。おもしろい作品が次々に発売されるので、つい買ってしまいます」

## Q ふだんの生活で気をつけていることはありますか？

　街にある広告を注意して見るようにしています。仕事で広報物をつくるときには、ひとめ見ただけで何の宣伝なのかがわかる表現が求められます。その点で街で見られる広告には工夫が凝らされていて、参考になります。キャッチコピーにこめられた意図を考察すると、企画に活かせるのではないかと思っています。

　駅に貼ってあるポスターなどを見て、すてきだなと思ったらスマートフォンで撮影し、後で見返すようにしています。このようにして、人の興味を引くアイデアをどうやってつくり出すか、話題になる広報物をつくるヒントはどこにあるか、などを生活のなかで勉強しています。

## 片岡さんのある1週間

社内スタッフやお客さまとのミーティングを1日にいくつもこなす。この週は、月曜日だけ出社した。水曜日には、地方で行われるリアル謎解きイベントの準備のために出張した。

| | 月 | 火 | 水 | 木 | 金 | 土 | 日 |
|---|---|---|---|---|---|---|---|
| 05:00 | | | 睡眠 | | | | |
| 07:00 | 睡眠 | 睡眠 | 食事・準備 | 睡眠 | 睡眠 | | |
| 09:00 | 食事・準備 | 食事・準備 | 地方出張移動 | 食事・準備 | 食事・準備 | | |
| 11:00 | 出社・ミーティング | メールや電話連絡 | 新幹線でメールチェック等 | 営業進捗整理・社内ミーティング | 社内ミーティング | | |
| 13:00 | 休憩・移動 | 昼食 | 昼食 | 昼食 | 案件の進捗確認 | | |
| | 社内ミーティング | 社内ミーティング | お客さまとミーティング | 社内ミーティング | お客さまとミーティング | | |
| 15:00 | お客さまとオンラインミーティング | 案件の進捗確認 | 現地ロケハン※ | お客さまとミーティング | 昼食 | | |
| 17:00 | 協力会社とミーティング | お客さまとオンラインミーティング | | 社内ミーティング | 見積書作成 | 休み | 休み |
| | 社内謎解き | 新案件キックオフミーティング | 広報デザイン確認 | | 企画書作成 | | |
| 19:00 | 見直し作業参加 | 日程・予算確認 | メールの確認 | | | | |
| | 案件の進捗確認 | | 移動・帰宅 | 退勤・夕食 | | | |
| 21:00 | 帰宅 | 退勤・夕食 | | | メールの確認 | | |
| 23:00 | 夕食 | | 夕食 | | 退勤・夕食 | | |
| | 自由時間 | 自由時間 | 自由時間 | 自由時間 | | | |
| 01:00 | | | | | 自由時間 | | |
| 03:00 | 睡眠 | 睡眠 | 睡眠 | 睡眠 | 睡眠 | | |
| 05:00 | | | | | | | |

用語 　※ ロケハン ⇒映画やテレビ番組の撮影の際に屋外の撮影場所を探し、下見などを行うこと。ここでは、リアル謎解きゲームのための現地調査・探索をさす。

## Q 将来のために、今努力していることはありますか?

お金について勉強を始めたところです。

2年前に結婚し、結婚をきっかけに将来の人生設計を考えるようになりました。出産や育児、家の購入、老後の生活などのためにどのくらい貯金が必要なのかを知りたいと思い、ファイナンシャルプランナー※に話を聞きました。私は面倒くさがりで、お金について考えたことがあまりなかったので、早いうちに方向性を決めておこうと考えたからです。

老後までの資金計画を今のうちに作成しておけば、何かあったときもあわてずに仕事に集中できるのではないか。そんな考えで、金銭感覚を養いながら家計のやりくりをしています。

「"We are Hero Makers."が私たちの会社のモットーです。参加者も依頼主も社員もヒーローになる舞台をつくる会社を、これからも目指します」

「会社には本もたくさんあります。企画の種を探しているときに人生設計の話を見かけると、つい読みこんでしまいますね」

## Q これからどんな仕事をし、どのように暮らしたいですか?

これからも、自分ががんばったことがほかの人のためになる仕事や、ほかの人に少しでも楽しいと思ってもらえる仕事をして暮らしていきたいです。

システムエンジニアとして働いていたときから、お金だけを目的に働くのはいやだと思っていました。私のなかでは仕事がいちばん大きな存在で、生活は仕事中心です。それなら、仕事を楽しくすれば人生も幸せになると考えました。

10年先、20年先も自分が納得できる楽しい仕事をしていくために、自分ができることをしていこうと思っています。

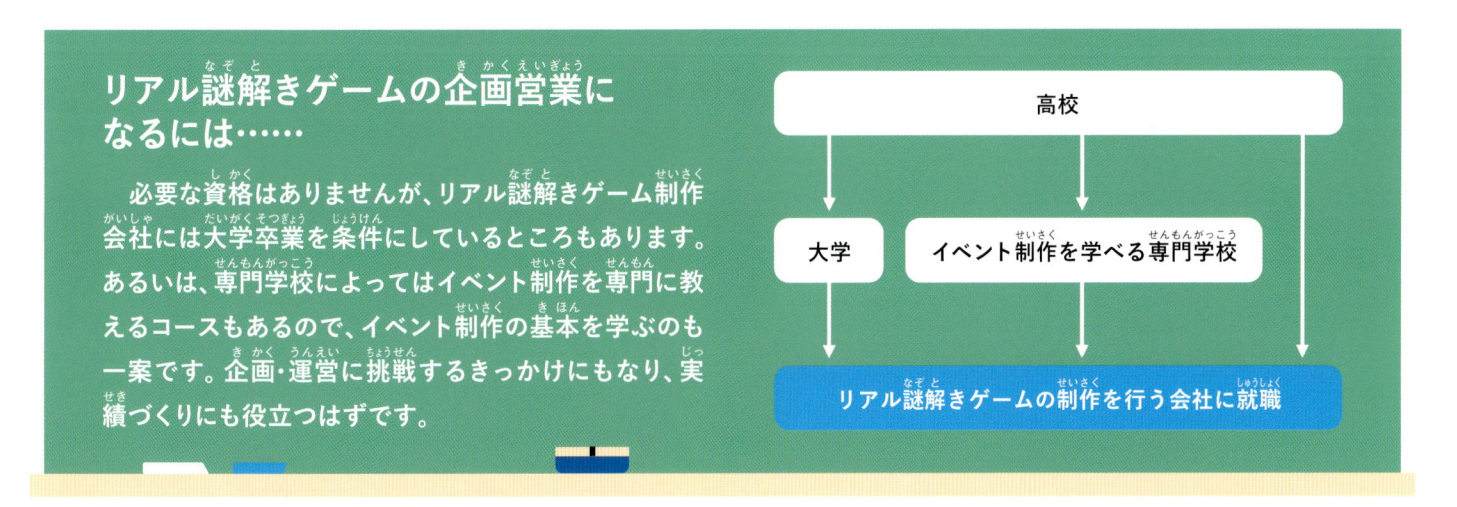

### リアル謎解きゲームの企画営業になるには……

必要な資格はありませんが、リアル謎解きゲーム制作会社には大学卒業を条件にしているところもあります。あるいは、専門学校によってはイベント制作を専門に教えるコースもあるので、イベント制作の基本を学ぶのも一案です。企画・運営に挑戦するきっかけにもなり、実績づくりにも役立つはずです。

高校 → 大学 → リアル謎解きゲームの制作を行う会社に就職

高校 → イベント制作を学べる専門学校 → リアル謎解きゲームの制作を行う会社に就職

---

**用語** ※ファイナンシャルプランナー ⇒ 顧客の生活設計に合わせて、将来必要なお金をどう蓄えていくのがよいかアドバイスを行う専門家。

# 子どものころ

## Q 小学生・中学生のとき、どんな子どもでしたか？

　とてもいそがしい子ども時代を過ごしました。4歳のときにピアノ、小学1年生のときにバドミントンを習い始め、4年生からはビーチバレーの部活にも参加しました。中学では吹奏楽部に入りました。部活の後にピアノのレッスンとバドミントンの練習という日もありましたね。ほとんど休む暇がありませんでした。

　小・中学校時代を通してとくに力を入れていたのはバドミントンです。所属していたのは、団体で県大会1位になり、九州大会にも出場するほどの強豪のジュニアクラブだったので、毎日6〜7時間練習するのが当たり前でした。母は毎日、仕事を終えてからお弁当をつくって、部活後の私をむかえに来てくれていたんです。車のなかでお弁当を食べてからバドミントンの練習をして夜中近くに帰る、という生活は大変でした。がんばり続けることができたのは、母の手厚いサポートがあったからです。なつかしく思い出すと同時に、だれよりも支えてくれた母に今でも感謝しています。

　習い事がこのようにいそがしかったので、勉強は二の次でした。家ではほとんど教科書を開くことはなく、授業中とテスト前に集中して勉強することでのりきっていました。好きな科目は音楽と国語で、数学と理科は苦手だったように記憶しています。

### 片岡さんの夢ルート

**小学校 ▶ ゲームクリエイター**

習い事のため移動する車中でビデオゲームをしており、楽しかったので、ゲームをつくりたかった。

▼

**中学校 ▶ いろいろ**

文系に進むなら書籍編集者、音楽系なら音楽教師、理系ならCGクリエイターになろうと思った。

**高専 ▶ IT関係またはイベント関係**

高専に進んでプログラミングを学んだので、システムエンジニアになるのが現実的だと思った。しかし文化祭で謎解きゲームのイベントを行ったのがきっかけで、本当にやりたいのはイベント関係の仕事かもしれないと悩んだ。

## Q 子どものころにやっておいてよかったことはありますか？

　人前で何かをする経験に多くめぐまれたことです。
　ピアノのコンクールで、とくにきたえられました。4歳のとき、静まり返った大きなホールの舞台にひとりで立った瞬間の怖さは忘れられません。幼いころはとても緊張しましたが、本番に何度も出場するうちに慣れて、あたえられた時間内に力を発揮する集中力や度胸がついたのだと思います。

　今の仕事で人前でも緊張せずに企画提案ができるのは、このような経験をしてきたからだと思っています。

バドミントンの大会で表彰された小学6年生の片岡さん。「団体戦で県優勝し、個人戦ダブルスでは九州で5位になりました！」

「ピアノの発表会で演奏しているところです。習い始めて間もないころだと思います」

## Q 中学のときの職場体験は、どこへ行きましたか？

職場体験は2回経験があります。中学2年生のときには家のすぐ近くの障害者支援施設へ行きました。地域の交流会が開かれるなど、身近な場所でした。祖母が身体障害者だったこともあり、知識を得たいと思って選びました。

3年生のときには、母校である小学校で、部活動のビーチバレーの指導をしました。

## Q 職場体験ではどんな印象をもちましたか？

障害者支援施設では、入居者が自分でできることは全部自分でしていたことが印象的でした。この経験から、どんな人にも得意なことと得意でないことがあることに気づかされました。適材適所という考え方を学べたように思います。

小学校での部活指導は、知っている後輩がいたので想像以上に楽しかったです。中学生の目から小学生を見ると、自分なりに成長したような気がしましたね。

教師の仕事は大変だと感じた一方で、子どもに大きな影響をおよぼす職業でもあり、子どもの成長を見守るすてきな仕事だと思いました。自分に向いているかもしれないと感じて、教師になる選択肢をもつようになりました。

## Q 将来のために、今、何をすればいいですか？

世の中にどのような職業があるかを調べてほしいです。中学生が仕事について知識を得るのは、自分の親や親戚、学校の先生や通っている病院など、ふだんの生活の延長線上が多いと思いますが、世の中には自分の身のまわり以外にもたくさんの職業があります。それらを知っていれば、就職するときはもちろん、進学する際にも選択肢が増えます。

知っていて選ばないことと、知らずに選べないことは大きくちがいます。自分に向く仕事、好きな仕事、やりたい仕事など、いろいろな職業を知って選択肢を増やし、その上でこの仕事を選んでもらえたらうれしいです。

依頼者のかかえる課題を参加者の「楽しみたい」気持ちに結びつけてリアル謎解きゲームにします

## － 今できること －

**ふだんの暮らし**

観光地での催しやアミューズメント施設など、いろいろな場所でリアル謎解きゲームが開催されています。またオンラインで謎解きができるものもあるので、機会があれば参加してみましょう。

また、通っている学校や自分の住む街のよさに目を向ける習慣を身につけましょう。リアル謎解きゲームでは、自治体や企業のよいところやおもしろいところ、意外なポイントなどを見つけて謎に仕立てます。発想力と、さまざまな切り口での企画力を養う第一歩になります。

**国語** 「おもしろそう」と思ってもらえる企画書を書く力が必要です。読んだ本を紹介するブックトークやポップづくりなどで、魅力を最大限に伝える工夫を学びましょう。

**社会** 地理の分野で、地域の風土や産業についての知識を身につけましょう。歴史的なできごと、名所、人物も謎解きのポピュラーな題材です。

**美術** イベントを印象づけるには、効果的なメインビジュアル（イメージ画像）が必要です。ポスター制作で、テーマを伝えるための的確な題材を選ぶ練習をしましょう。

**英語** 海外の人も楽しめるイベントを企画できるように、英語の学習を通して海外の文化や慣習を学びましょう。

# 仕事のつながりがわかる
# ゲームの仕事 関連マップ

ここまで紹介したゲームの仕事が、それぞれどう関連しているのかを見てみましょう。

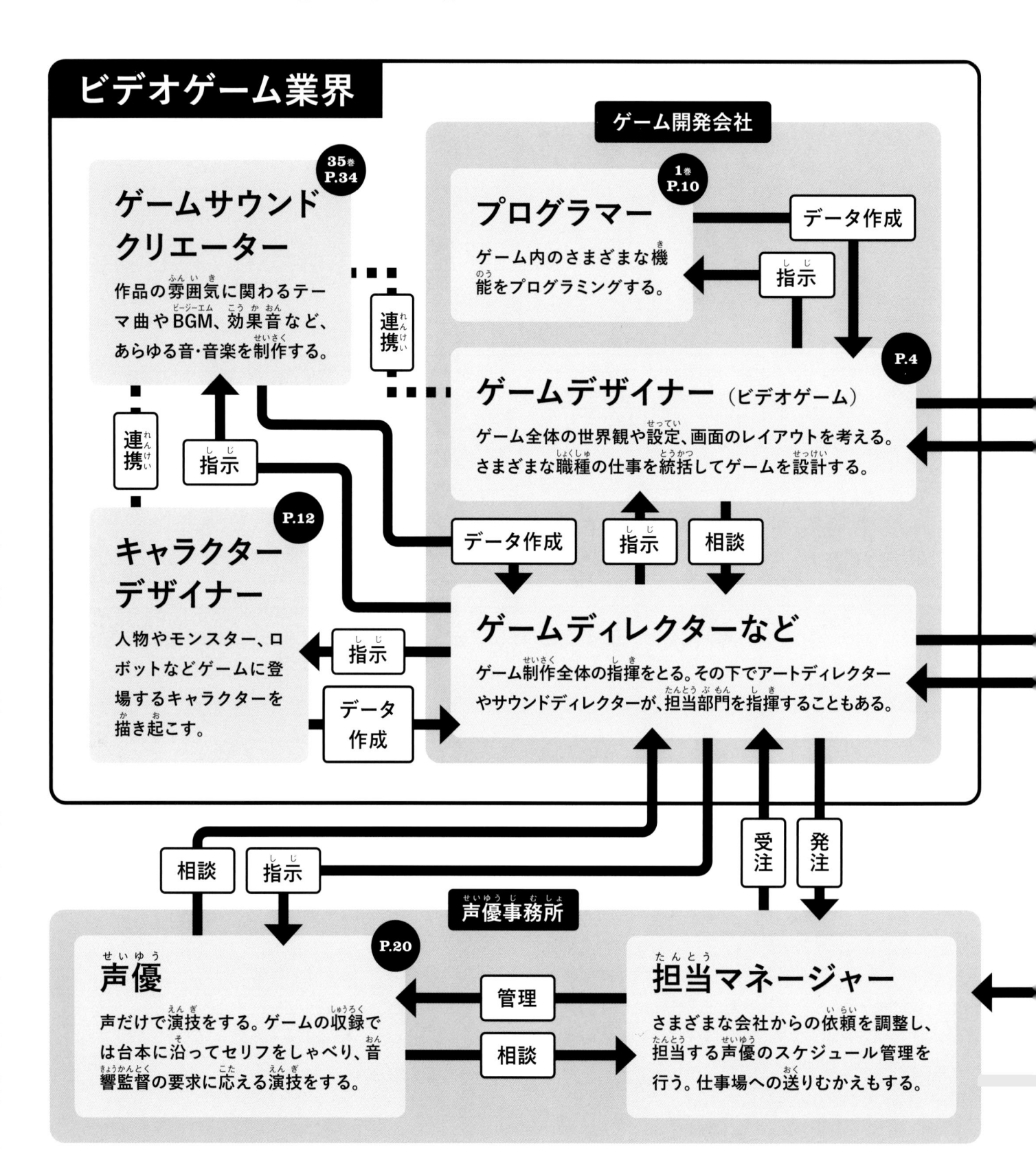

**ビデオゲーム業界**

**ゲーム開発会社**

**ゲームサウンドクリエーター** (35巻 P.34)
作品の雰囲気に関わるテーマ曲やBGM、効果音など、あらゆる音・音楽を制作する。

**プログラマー** (1巻 P.10)
ゲーム内のさまざまな機能をプログラミングする。

データ作成
指示

**ゲームデザイナー**（ビデオゲーム） (P.4)
ゲーム全体の世界観や設定、画面のレイアウトを考える。さまざまな職種の仕事を統括してゲームを設計する。

連携

連携
指示

**キャラクターデザイナー** (P.12)
人物やモンスター、ロボットなどゲームに登場するキャラクターを描き起こす。

データ作成　指示　相談

指示
データ作成

**ゲームディレクターなど**
ゲーム制作全体の指揮をとる。その下でアートディレクターやサウンドディレクターが、担当部門を指揮することもある。

受注　発注

相談　指示

**声優事務所**

**声優** (P.20)
声だけで演技をする。ゲームの収録では台本に沿ってセリフをしゃべり、音響監督の要求に応える演技をする。

管理
相談

**担当マネージャー**
さまざまな会社からの依頼を調整し、担当する声優のスケジュール管理を行う。仕事場への送りむかえもする。

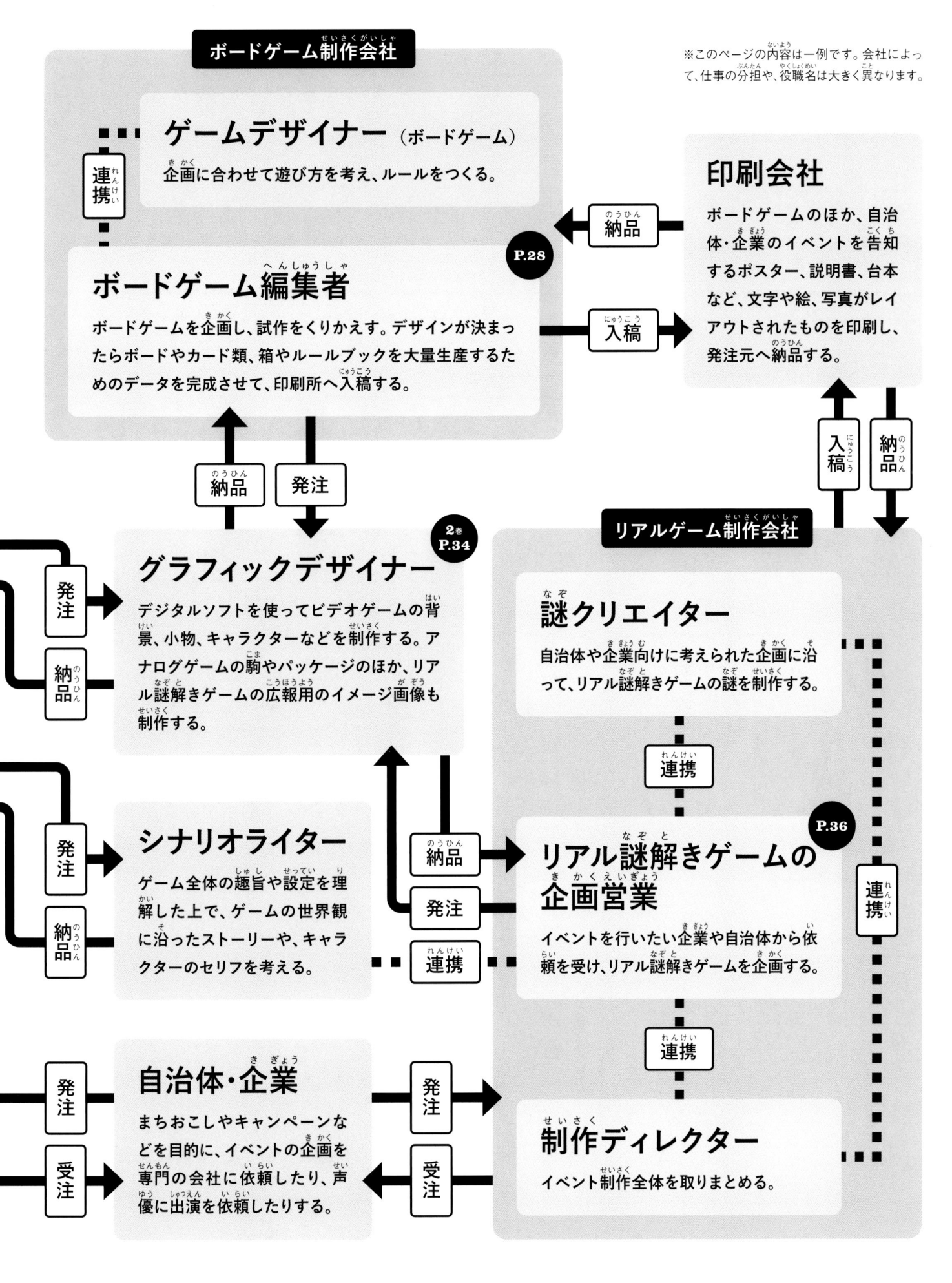

**ボードゲーム制作会社**（せいさくがいしゃ）

※このページの内容（ないよう）は一例です。会社によって、仕事の分担（ぶんたん）や、役職名（やくしょくめい）は大きく異（こと）なります。

### ゲームデザイナー（ボードゲーム）
企画（きかく）に合わせて遊び方を考え、ルールをつくる。

連携（れんけい）

### ボードゲーム編集者（へんしゅうしゃ）
ボードゲームを企画（きかく）し、試作をくりかえす。デザインが決まったらボードやカード類、箱やルールブックを大量生産するためのデータを完成させて、印刷所へ入稿（にゅうこう）する。

**P.28**

納品（のうひん） 発注

### 印刷会社
ボードゲームのほか、自治体・企業（きぎょう）のイベントを告知（こくち）するポスター、説明書、台本など、文字や絵、写真がレイアウトされたものを印刷し、発注元へ納品（のうひん）する。

納品（のうひん）

入稿（にゅうこう）

入稿（にゅうこう）　納品（のうひん）

### グラフィックデザイナー
**2巻 P.34**
デジタルソフトを使ってビデオゲームの背景（はい けい）、小物、キャラクターなどを制作（せいさく）する。アナログゲームの駒（こま）やパッケージのほか、リアル謎解き（なぞと）ゲームの広報用のイメージ画像（がぞう）も制作（せいさく）する。

発注　納品（のうひん）

### リアルゲーム制作会社（せいさくがいしゃ）

### 謎（なぞ）クリエイター
自治体や企業（きぎょうむ）向けに考えられた企画（きかく そ）に沿って、リアル謎解き（なぞと）ゲームの謎（なぞ）を制作（せいさく）する。

連携（れんけい）

### シナリオライター
ゲーム全体の趣旨（しゅし）や設定（せってい）を理解（り かい）した上で、ゲームの世界観に沿った（そ）ストーリーや、キャラクターのセリフを考える。

発注　納品（のうひん）

納品（のうひん）

発注

連携（れんけい）

### リアル謎解き（なぞと）ゲームの企画営業（きかくえいぎょう）
**P.36**
イベントを行いたい企業（きぎょう）や自治体から依頼（らい）を受け、リアル謎解き（なぞと）ゲームを企画（きかく）する。

連携（れんけい）

連携（れんけい）

### 自治体・企業（きぎょう）
まちおこしやキャンペーンなどを目的に、イベントの企画（きかく）を専門（せんもん）の会社に依頼（いらい）したり、声優（ゆう しゅつえん）に出演を依頼（いらい）したりする。

発注　発注

受注　受注

### 制作ディレクター（せいさく）
イベント制作（せいさく）全体を取りまとめる。

# 社会的な交流の手段となるゲーム

## ▶ 娯楽だけではないゲームの役割

コンピューターを使って、ディスプレーに映像を映し出して遊ぶゲームを「ビデオゲーム」とよびます。日本では1983年、任天堂から「ファミリーコンピュータ」が発売されたのをきっかけに普及しました。現在、国内のビデオゲームをプレーする人は約5500万人、世界では30億人をこえるといわれ、国際的に大きな産業になっています。

また、ビデオゲームを使った対戦をスポーツ競技として行う「eスポーツ」がオリンピックの正式競技に認められたほか、ゲーム内でかせいだお金を現実の資産にできる「NFTゲーム」が普及しています。ゲームは単なる娯楽ではなく、実生活に不可欠なものになりつつあるといえるでしょう。

「ゲーム(game)」という単語は、「共同で楽しむ」という意味の古代ゲルマン語に由来するといわれます。鬼ごっこやかくれんぼ、トランプや将棋、オセロなどに共通するのは、複数人が参加し、ルールを決めて勝負をくり広げる点です。

つまり、コンピューターを使わなくとも、ルールさえ決めればゲームはつくれるのです。新人研修にゲームを取り入れる会社もあることからも、その場に居合わせた人とルールを話し合うことでコミュニケーションが活発になることは確かです。実際に、リアル謎解きゲームやリアル脱出ゲームなど、現実空間でのゲームイベントも大人気です。

## ▶ すべての勉強や経験が役に立つ

ゲームの本質は「人を楽しませること」にあります。そして、本や映画とちがい、クリエイターとプレーヤーの相互の作用が期待できる双方向型のエンターテインメントなので、工夫の仕方は無限大です。ビデオゲームに関していえば、物語を読み解き楽しむ力、歴史や文化に関する知識など、学校の勉強がそのまま生きる点も多いでしょう。この本に登場するゲームデザイナーも、「学校で学ぶ科目はすべて、ゲーム開発に役立ちます」「将来必ず役に立つので、勉強は

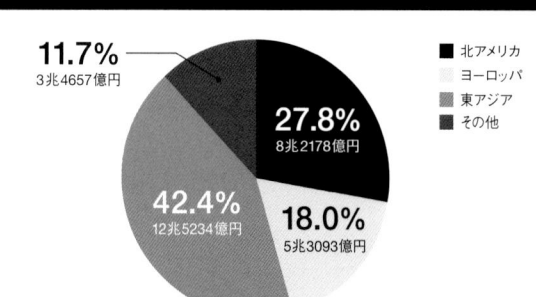

### 世界のビデオゲーム系コンテンツ市場規模(地域別)

- 北アメリカ
- ヨーロッパ
- 東アジア
- その他

**11.7%** 3兆4657億円
**27.8%** 8兆2178億円
**18.0%** 5兆3093億円
**42.4%** 12兆5234億円

2023年の日本国内のビデオゲーム系の市場規模は前年比4.6%増の2兆1255億円、世界では29兆5162億円(2023年の期中平均レート、1米ドル＝140.66円で換算)。地域別に見ると、中国・日本・韓国を中心とした東アジアが42.4%と最大シェアを占めている。北アメリカでは大手ゲーム会社を有するアメリカ、ヨーロッパではイギリスやドイツの市場規模が大きい。

出典:『ファミ通ゲーム白書 2024』株式会社角川アスキー総合研究所(2024年)

「ふくい温暖化クライシスボードゲーム」を通して、SDGs（持続可能な開発目標）を学ぶ福井県の中学生。ゲームのクリアを目指して盛り上がりながら、地球温暖化などについて理解を深め、自分たちにもできることを話し合った。福井県の出張授業として、県関係者などが学校を訪れて行われた。

SDGsについて学べるボードゲームに熱中する坂井市立丸岡南中学校の生徒たち

しておいて損はないです」と語っています。

近年は、個人や少人数で開発されたインディーゲームが社会現象になるほどのヒットを記録することもめずらしくありません。仕事としてのチャンスはどんどん広がっており、チャレンジしがいのある分野だといえるでしょう。

## ▶「楽しむ」から「楽しませる」へ

この仕事を目指す子どもたちが今できることは、「楽しむ側」から「楽しませる側」になるために、好きなゲームや流行しているゲームのルール、仕組みに興味をもち、分析することです。実際に遊んでいるプレーヤーだからこそ、気づけることも多いはずです。教師が授業で取り上げる場合、子どもたちだけで話し合わせてみると、とてもおもしろい意見を言うのではないでしょうか。

また、「コミュニケーション」も大事な要素です。2020年、新型コロナウイルス感染症の世界的な流行により、ひとりで過ごす時間が増えたことで、ほかのプレーヤーと交流できるオンラインゲームの人気が高まりました。このほか、メタバース（仮想空間）を利用した不登校支援など、ゲーム分野で発達した技術が教育に活用される例もあります。社会的な交流の手段として活用されるゲームをつくるには、つくり手に「人々が本質的に求めていること」を理解し、かたちにする力が求められます。この本に登場するリアル謎解きゲームの企画営業を担当している女性は、「参加者の生の反応を見て、初めてわかることがたくさんあったんです」と語っています。ゲームに熱中するだけでなく、いろいろな出会いや経験をしておくことは大切です。

ボードゲームのオセロは1945年に日本人が、UNOは1971年にアメリカ人が生み出しました。市井の人の大発明が世界を変えたこれらの例からわかるように、ほんの小さな思いつきが大きな発明やヒットにつながる可能性を秘めています。このことを忘れずに、アイデアの源をたくわえてください。

PROFILE
玉置 崇（たまおき たかし）

岐阜聖徳学園大学教育学部教授。
愛知県小牧市の小学校を皮切りに、愛知教育大学附属名古屋中学校や小牧市立小牧中学校管理職、愛知県教育委員会海部教育事務所所長、小牧中学校校長などを経て、2015年4月から現職。数学の授業名人として知られる一方、ICT活用の分野でも手腕を発揮し、小牧市の情報環境を整備するとともに、教育システムの開発にも関わる。
文部科学省「校務におけるICT活用促進事業」事業検討委員会座長をつとめる。

構成／酒井理恵

# さくいん

【取材協力】

株式会社スクウェア・エニックス　https://www.jp.square-enix.com/
株式会社アクアスター　https://aqua-star.co.jp/
株式会社青二プロダクション　https://www.aoni.co.jp/
株式会社アークライト　https://www.arclight.co.jp/
株式会社ハレガケ　https://haregake.com/

【写真協力】

福井県未来創造部　p47

【解説】

玉置 崇（岐阜聖徳学園大学教育学部教授）　p46-47

【装丁・本文デザイン】

アートディレクション／尾原史和（BOOTLEG）
デザイン／坂井 晃・角田晴彦（BOOTLEG）

【撮影】

平井伸造　p4-19、p28-43
土屋貴章　p20-27

【執筆】

安部優薫　p4-19
酒井理恵　p20-27
和田全代　p28-35
山本美佳　p36-43

【イラスト】

フジサワミカ

【企画・編集】

佐藤美由紀・山岸都芳（小峰書店）
常松心平・鬼塚夏海（303BOOKS）

# キャリア教育に活きる！
# 仕事ファイル49
## ゲームの仕事

2025年4月6日　第1刷発行

編　著　小峰書店編集部
発行者　小峰広一郎
発行所　株式会社小峰書店
　　　　〒162-0066　東京都新宿区市谷台町4-15
　　　　TEL 03-3357-3521　FAX 03-3357-1027
　　　　https://www.komineshoten.co.jp/
印　刷　株式会社精興社
製　本　株式会社松岳社

©2025 Komineshoten  Printed in Japan
NDC 366  48p  29×23cm
ISBN978-4-338-37302-9